História e historiografia da escravidão no Brasil

O selo DIALÓGICA da Editora InterSaberes faz referência às publicações que privilegiam uma linguagem na qual o autor dialoga com o leitor por meio de recursos textuais e visuais, o que torna o conteúdo muito mais dinâmico. São livros que criam um ambiente de interação com o leitor – seu universo cultural, social e de elaboração de conhecimentos –, possibilitando um real processo de interlocução para que a comunicação se efetive.

História e historiografia da escravidão no Brasil

Tiago Luís Gil

EDITORA intersaberes

Rua Clara Vendramin, 58 . Mossunguê . CEP 81200-170 . Curitiba . PR . Brasil
Fone: (41) 2106-4170 . www.intersaberes.com . editora@editoraintersaberes.com.br

Conselho editorial
Dr. Ivo José Both (presidente)
Dr.ª Elena Godoy
Dr. Neri dos Santos
Dr. Ulf Gregor Baranow
Editora-chefe
Lindsay Azambuja
Supervisora editorial
Ariadne Nunes Wenger
Analista editorial
Ariel Martins
Preparação de originais
Gilberto Girardello Filho
Edição de texto
Arte e texto
Gustavo Piratello de Castro

Capa
Mayra Yoshizawa (*design*)
Avatar_023, mimagephotography,
Filipe Frazao, Josep Suria, Valua
Vitaly, ilolab, Katja Wickert/
Shutterstock (imagens)
Projeto gráfico
Bruno de Oliveira
Diagramação
Sincronia Design
Equipe de design
Sílvio Gabriel Spannenberg
Mayra Yoshizawa
Iconografia
Regina Claudia Cruz Prestes

Dados Internacionais de Catalogação na Publicação (CIP)
(Câmara Brasileira do Livro, SP, Brasil)

Gil, Tiago Luís História e historiografia da escravidão no Brasil/Tiago Luís Gil. Curitiba: InterSaberes, 2019.
Bibliografia. ISBN 978-85-227-0024-0
1. Escravidão – Brasil – História 2. Escravidão – Brasil – Historiografia I. Título.
19-24917   CDD-981

Índices para catálogo sistemático:
1. Escravidão: Brasil: História 981
Cibele Maria Dias – Bibliotecária – CRB-8/9427

1ª edição, 2019.
Foi feito o depósito legal.
Informamos que é de inteira responsabilidade do autor a emissão de conceitos.
Nenhuma parte desta publicação poderá ser reproduzida por qualquer meio ou forma sem a prévia autorização da Editora InterSaberes.
A violação dos direitos autorais é crime estabelecido na Lei n. 9.610/1998 e punido pelo art. 184 do Código Penal.

Sumário

9 *Apresentação*
11 *Organização didático-pedagógica*
15 *Introdução*

Capítulo 1
27 **A escravidão e seus historiadores**

(1.1)
30 A historiografia do século XIX e do início do século XX

(1.2)
36 Gilberto Freyre e seus discípulos

(1.3)
41 A Escola Sociológica de São Paulo

(1.4)
44 A historiografia dos anos 1980

(1.5)
51 Contribuições mais recentes

Capítulo 2
59 **O continente africano e o tráfico atlântico de escravos**

(2.1)
62 Conhecendo o continente e sua diversidade

(2.2)
70 As regiões ligadas ao tráfico Atlântico: África ocidental, Congo-Angola e Moçambique

(2.3)
75 Tráfico: os fluxos comerciais

(2.4)
85 Tráfico: os negociantes

(2.5)
90 A demografia do tráfico

Capítulo 3
99 **Sociedade patriarcal: família senhorial, família escrava, resistências e universo escravista**

(3.1)
101 A sociedade escravista: um panorama

(3.2)
105 A família patriarcal

(3.3)
110 A família escrava

(3.4)
115 As resistências e as rebeliões cotidianas dos escravos

(3.5)
120 As fugas reivindicatórias e de rompimento com a escravidão

Capítulo 4
131 A escravidão na *plantation* e nos mundos rurais

(4.1)
133 A *plantation*

(4.2)
139 A escravidão na *plantation*

(4.3)
143 Mundos rurais na periferia da *plantation*

(4.4)
148 A escravidão rural na colônia

(4.5)
152 A escravidão rural no século XIX

Capítulo 5
161 A escravidão urbana

(5.1)
164 Os espaços urbanos no período colonial e a escravidão

(5.2)
169 As cidades e os escravos no século XIX

(5.3)
176 Os chamados "Negros de ganho"

(5.4)
181 "Ganhadeiras" e quitandeiras e seus espaços de atuação

(5.5)
186 A escravidão urbana vista por viajantes e pela literatura

Capítulo 6
197 **Abolição, pós-abolição e o destino dos libertos**

(6.1)
199 O tráfico interno

(6.2)
203 As revoltas escravas do século XIX

(6.3)
206 O abolicionismo e o debate sobre o fim da escravidão

(6.4)
211 A abolição

(6.5)
215 A vida dos libertos no chamado *pós-abolição*

225 *Considerações finais*
227 *Referências*
245 *Bibliografia comentada*
249 *Respostas*
253 *Sobre o autor*

Apresentação

Dentre os temas relacionados com a história do Brasil, talvez um dos mais difíceis seja a história da escravidão. Por um lado, trata-se de um assunto fascinante, pois desafia todo o entendimento humano. Como fora possível que tantas pessoas fossem aprisionadas, embarcadas, vendidas e usadas em seu trabalho de modo tão banal e por tanto tempo? Ao mesmo tempo, como fora possível que aquelas mesmas pessoas pudessem, nas circunstâncias mais difíceis, buscar forças no mais profundo de sua humanidade e construir um mundo novo, um mundo que inevitavelmente teria muito daquela sua humanidade, a ponto de ver nascer famílias de onde só se esperaria o desespero. Ao mesmo tempo, a história da escravidão nos surpreende ao mostrar uma enorme diversidade de formas de ser escravo e de ser senhor, tanto no campo quanto nas cidades.

Por outro lado, trata-se de um tema de difícil abordagem para o historiador. Tendo necessariamente um lugar de fala, ele ou ela, na maioria das vezes, não é capaz de se colocar na posição dos escravizados, por mais solidariedade que tenha com os agentes históricos que estuda. E se a imensa maioria dos historiadores não tem essa alteridade, muitos desses profissionais – os afrodescendentes – sabem bem de um outro processo histórico que acompanhou a história dos escravos no Brasil: o racismo. É por essa razão que cada vez mais se espera que os historiadores de origem africana escrevam sua história e o façam com a narrativa que julgarem mais apropriada.

Não há dúvida, porém, que o tema da escravidão é importante demais para ficar restrito àqueles que o sentem mais em seu cotidiano, pela heranças do passado e nas suas identidades do presente. O escravismo moldou a sociedade brasileira de tal modo que sua força é sentida nos mais diversos aspectos culturais, econômicos e políticos, além de perceptível em todas as regiões do país. É nesse sentido que gostaríamos que nosso texto fosse consumido.

O objetivo desta obra é apresentar uma visão panorâmica sobre a sociedade escravista no Brasil. Assim, no primeiro capítulo, apresentaremos a historiografia sobre o assunto, descrevendo as diversas maneiras como essa história foi contada. No segundo capítulo, daremos atenção ao continente africano e sua história, tentando entender como o tráfico de escravos – também analisado – pôde, historicamente, conduzir forçosamente tantos escravizados ao novo mundo.

No terceiro capítulo, trataremos das relações sociais e políticas que davam sustentação ao cativeiro, enquanto no quarto capítulo procuraremos dar conta dos universos econômicos nos quais os escravos eram empregados.

No quinto capítulo, ressaltaremos o escravismo urbano e suas peculiaridades, com o objetivo de mostrar uma série de cenários diversos do que geralmente se pensa sobre a escravidão, quase sempre associada ao mundo rural. No sexto e último capítulo, procuraremos mostrar os conflitos e os processos que foram criando condições para o fim da escravidão ao final do século XIX e trataremos um pouco sobre os primeiros anos do mundo sem senhores.

Organização didático-pedagógica

Esta seção tem a finalidade de apresentar os recursos de aprendizagem utilizados no decorrer da obra, de modo a evidenciar os aspectos didático-pedagógicos que nortearam o planejamento do material e como o aluno/leitor pode tirar o melhor proveito dos conteúdos para seu aprendizado.

Introdução do capítulo

Logo na abertura do capítulo, você é informado a respeito dos conteúdos que nele serão abordados, bem como dos objetivos que o autor pretende alcançar.

Síntese

Você conta, nesta seção, com um recurso que o instigará a fazer uma reflexão sobre os conteúdos estudados, de modo a contribuir para que as conclusões a que você chegou sejam reafirmadas ou redefinidas.

Atividades de autoavaliação

Com estas questões objetivas, você tem a oportunidade de verificar o grau de assimilação dos conceitos examinados, motivando-se a progredir em seus estudos e a se preparar para outras atividades avaliativas.

Atividades de aprendizagem

Aqui você dispõe de questões cujo objetivo é levá-lo a analisar criticamente determinado assunto e aproximar conhecimentos teóricos e práticos.

Bibliografia comentada

Nesta seção, você encontra comentários acerca de algumas obras de referência para o estudo dos temas examinados.

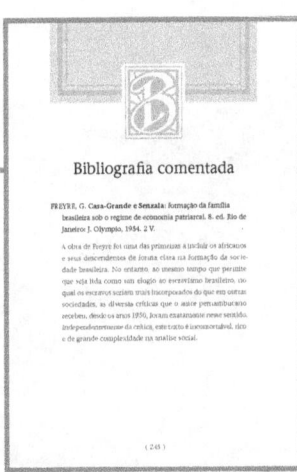

Introdução

A escravidão foi um dos processos mais longos da história do Brasil. Foi, também, o que deixou raízes mais profundas. Como podemos avaliar isso? Se a história do Brasil, desde a chegada dos portugueses, se passasse ao longo das horas de um único dia, a escravidão só se encerraria às 18 horas. A manhã e a tarde deste dia teriam sido vividas no escravismo. O dia começa cedo, como seria de se esperar. Os primeiros escravos vindos da África chegam às 2h20 da madrugada. Já é praticada, também, a escravidão indígena. Esta última só foi regulada pela primeira vez em 1570 – ou seja, às 3h15. O tráfico de africanos mal começou. Por volta das 7 horas da manhã já chegaram 35 mil escravizados. Porém, é só às 9h15 que começam a chegar as maiores levas. Até aí, já temos 114 mil pessoas. Esse número salta para 700 mil às 11h30. Vinte minutos mais tarde, a escravidão indígena é finalmente abolida, ainda que continue de modo dissimulado. A independência do Brasil de Portugal ocorre poucos minutos antes das 15 horas, quando o total de traficados ultrapassa com folga os 2 milhões de pessoas. Alguns minutos depois estaria previsto o fim do tráfico, o que só ocorreu, de fato, às 16h15. O trabalho livre só começa com o início da noite.

A escravidão foi um processo que envolveu toda a sociedade, não apenas os senhores e os escravos. Ela organizava toda a vida social. O que isso quer dizer? Quer dizer que as pessoas eram mais ou menos importantes pelo número de escravos que possuíam; ou por não possuí-los; ou por ser escravo, filho ou neto de alguém que viveu o cativeiro. Um dos maiores especialistas no assunto, o historiador norte-americano Stuart Schwartz (2001, p. 293), resumiu isso ao falar sobre a escravidão:

> Ninguém que vivesse no Brasil estava distante da sombra que ela lançava ou livre de sua influência. Homens e mulheres, leigos e religiosos, trabalhadores livres ou escravos, mercado locais e comércio internacional, nenhum aspecto da vida brasileira permaneceu intocado pelo fenômeno [...]. analisar a história da escravidão no Brasil é trabalhar com a própria história do Brasil.

A escravidão era uma instituição jurídica. O que isso significa na vida das pessoas? Significa que o escravo era propriedade de alguém; que um ser humano era dono de outro ser humano.

Ainda que fosse um processo que envolvia toda a sociedade, era essencialmente uma relação de trabalho. Os escravizados vieram para trabalhar. E não havia, particularmente, trabalho que não fizessem. O mais comum era o trabalho pesado, de plantio e colheita de cana e de café e na mineração do ouro. Mas eles também vendiam coisas pelas ruas das cidades, cortavam cabelos pelas praças, cuidavam das casas e até administravam os negócios de seus senhores.

Se é correto afirmar que os escravos vieram para trabalhar, isso não é suficiente. Em termos estritos, a escravidão era uma instituição jurídica. O que isso significa na vida das pessoas? Significa que o escravo era propriedade de alguém; que um ser humano era dono de outro ser humano. E isso modificava tudo, inclusive o trabalho.

Contudo, não podemos parar por aí. A humanidade dos escravos, as relações que eles estabeleciam entre si, com seus senhores, com os outros livres, enfim, com a sociedade em geral, modificavam sua situação e contrabalançavam o sentido estrito do direito e do trabalho. Ou seja, os escravos, com suas ações cotidianas, estavam a todo tempo fazendo com que o pesado mundo onde viviam fosse um pouco mais suportável. Faziam isso com pequenas e grandes demonstrações de resistência. Estas poderiam ser na forma de fugas, de negativas ao serviço, de reclamações ou até mesmo demonstrando desinteresse pelo trabalho.

> Dito isso, convém logo entender o que é a **escravidão**, para que possamos saber do que estamos falando. Você já parou para pensar sobre o que diferencia um escravo de outro trabalhador? Muitas vezes, a ideia mais comum é a de que os escravos fazem trabalhos pesados e estão acorrentados. O trabalho pesado, no entanto, não pode ser associado apenas à escravidão. Muitos trabalhadores livres carregam fardos imensos. A colheita da cana – um trabalho extremamente duro –, feita pelos escravos nas Américas nos seus primeiros séculos, atualmente é feita por assalariados. Por outro lado, nem todos os escravos tinham o mesmo tanto de trabalho penoso. Os escravos que trabalhavam na lavoura, por exemplo, eram chamados de *escravos do eito* e seu cotidiano era marcado pelo uso da força. Por outro lado, havia escravos que faziam trabalho de "caixeiros", que geriam as contas do negócio, ou seja, sem o risco das picadas de cobra, sem estar debaixo do sol o tempo todo, sem carregar grandes fardos, entre outras asperezas. O trabalho pesado, portanto, não é sinônimo de escravidão, ainda que seja muito comum nesta última.

E andavam sempre acorrentados, os escravos? Não com bolas de ferro presas aos pés. Essas últimas poderiam ser usadas, eventualmente. Grilhões eram usados nos castigos, mas isso não quer dizer que todos os escravos estivessem, sempre, aprisionados. Havia um rígido controle que envolvia vigias, denúncias e castigos físicos, além do efeito que isso tudo provocava: o medo constante. Nesse sentido,

Tiago Luís Gil

a mais forte das correntes era também a mais flexível, pois acompanhava o escravo onde quer que ele fosse. Todavia, poderiam os escravos ir para algum lugar que não apenas seu canto de trabalho? Sim. Há muitos registros de escravos que conseguiam circular por vários lugares, pelas vizinhanças, onde poderiam estabelecer amizade com escravos de outros senhores, com trabalhadores livres ou até mesmo com outros senhores. Isso era mais comum nas grandes cidades, como Rio de Janeiro e Salvador, mas há diversos registros de circulação de escravos também no mundo rural. Há relatos de escravos que escapavam para namorar e depois voltavam. O controle social – e nisso se incluíam os castigos – era suficientemente forte para garantir o retorno. Assim, podiam circular, particularmente os escravos vendedores, também conhecidos como *escravos de ganho*, que não só podiam como **precisavam** perambular nas ruas das cidades para vender suas mercadorias.

Então, se só o trabalho pesado e as correntes não explicam a diferença, o que **distingue um escravo de um trabalhador livre**? Algo muito simples, na verdade: escravo é aquele que é propriedade de outro ser humano. Ele não é livre, mesmo que possa circular. Depende de autorização para quase tudo, pode ser vendido como uma mercadoria e ser castigado pelo arbítrio de seu senhor. David Brion Davis (2001, p. 49) apontou as características centrais do ser escravo: "Em geral, costuma-se dizer que o escravo tem três características que o definem: sua pessoa é propriedade de outro homem, sua vontade está sujeita à autoridade de seu proprietário e seu trabalho ou serviços são obtidos por meio de coerção".

Essas são, contudo, características gerais da escravidão. Na experiência vivida no Brasil, há algumas questões mais específicas. No caso da escravidão com pessoas vindas da África, o escravo era sempre alguém desterritorializado, ou seja, alguém que, foi tirado da sua terra, da companhia de seus parentes e amigos. Alguém que, além de não conhecer a nova região, na qual deverá trabalhar, precisa aprender rapidamente as novas regras sociais e aquilo que se pode ou não fazer. Para chegar nessa nova terra, foi forçado a entrar em um navio em condições terríveis, onde parte expressiva dos escravizados morria antes mesmo de chegar ao seu cativeiro definitivo. Há outra marca típica da escravidão no Brasil: uma vez que os escravos obtinham a liberdade, também chamada de *alforria*, eles não passavam a ser vistos como pessoas realmente livres. Havia o estigma de ser ex-escravo. Eles eram "libertos", e não "livres". Essa mácula também acompanhava seus filhos e netos. Era possível dizer que alguém era neto de escravo. Não era a mesma coisa que ser neto de pessoas que nasceram livres.

Até aqui falamos muito de escravos, mas não falamos de suas diversas origens. Eles não eram todos iguais, longe disso! Ao longo da história do Brasil, temos duas origens principais de escravizados: os nativos da própria América, representados pelos grupos indígenas que habitavam no continente antes da chegada dos europeus, e aqueles que vieram da África – um continente muito grande e variado, cujos habitantes falavam línguas muito diferentes e se identificavam com coisas muito diversas. Quanto aos escravizados indígenas, eles também tinham diferentes origens: eram tupinambás, carijós, guaranis, cariris, entre outras centenas de etnias. **Centenas**, sem exagero. A mão de obra forçada indígena foi empregada tanto quanto possível, ainda que a Coroa portuguesa estabelecesse certas proibições e regras para sua existência. A regra principal era: os indígenas só poderiam ser escravizados em "guerras justas", ou seja, supostamente, quando capturados em um momento de ameaça aos portugueses.

Estes últimos, contudo, forçavam contatos e guerras para a escravização de qualquer grupo nativo.

> O leitor pode estar se perguntando: Se havia tantos grupos nativos nas Américas, por que os portugueses foram buscar escravos na África? A resposta não é simples e passa por diversos aspectos. Em primeiro lugar, podemos dizer que a estrutura de trabalho utilizada nos primeiros anos da colonização contribuiu muito para desordenar os grupos nativos, por meio do trabalho excessivo e da mudança completa das regras sociais, ou seja, daquilo que podia ou não ser feito. Por outro lado, não podemos descartar as epidemias. Considerando cada um dos três continentes – o americano, o africano e o europeu – como regiões onde havia doenças específicas e, consequentemente, seres humanos com defesas orgânicas específicas, os grupos nativos da América levaram a pior.

As doenças europeias, pouco letais para seus habitantes, exterminavam os indígenas aos milhares e em pouco tempo. Varíola e sarampo, por exemplo, foram fundamentais para dizimar os índios de São Paulo no século XVI, auxiliando no estabelecimento dos portugueses naquela área. Por fim, não podemos ignorar que o tráfico de escravizados vindos da África era um negócio muito lucrativo e a oferta deve ter contribuído na escolha dessa mão de obra. De resto, o fato de os africanos estarem desterritorializados contribuía para evitar fugas.

Recentemente, o antropólogo João Pacheco de Oliveira Filho (2014) deu outros argumentos para enriquecer o debate sobre a escravidão indígena. Para ele, a chave do problema reside na questão jurídica criada pela legislação que regulava o trabalho dos nativos. Nas palavras do autor, é possível

> *que a preferência de investir em escravos negros [da Guiné] estivesse ligada às condições de operação do mercado de cativos indígenas, diretamente sujeito à vontade política dos governadores e muito sensível às alterações*

na balança de poder entre jesuítas e moradores [...] o escravo negro constituía um bem de capital e poderia integrar explicitamente o patrimônio pessoal, a escravidão do indígena em tese seria apenas temporária, os processos de venda, doação ou herança deveriam ser camuflados sob outras formas. O baixo preço do escravo indígena decorria não da sua inadequação ao trabalho, mas sim da insegurança do seu proprietário quanto às condições de conversão desse capital em valores efetivos. (Oliveira Filho, 2014, p. 213)

Os portugueses usaram os braços indígenas até quando não puderam mais. Mas a mão de obra indígena só deixou de ser usada no século XIX. Até lá, era comum que as áreas mais ricas e centrais do Brasil empregassem o trabalho escravo de origem africana, enquanto as regiões de "fronteira", ou periféricas, empregavam a força de trabalho dos grupos indígenas. Em quase todo o Brasil, a escravidão dos indígenas veio cronologicamente antes da africana, progressivamente, ainda que elas tenham existido ao mesmo tempo no conjunto da América Portuguesa. Vejamos um exemplo dos anos 1730: enquanto as pujantes regiões do Rio de Janeiro e das Minas Gerais mantinham escravos de origem africana na enorme maioria dos trabalhos (e já há muitas décadas), nos Campos de Curitiba, então um local periférico, se usava e se abusava da mão de obra indígena.

Como já vimos, a escravidão indígena foi proibida pela Coroa portuguesa, com uma lei editada em 1570. Foi a lei que estabeleceu a chamada *guerra justa* como a única forma aceitável de capturar indígenas como escravos. Você pode estranhar o fato de que a Coroa portuguesa se preocupava em não escravizar os indígenas – ou, ao menos, estabelecer condições mais difíceis para sua captura –, enquanto a escravidão de africanos não parecia ser um problema. De onde vinha essa diferença entre africanos e nativos americanos?

Vinha de pressupostos religiosos do mundo católico. Pode parecer estranho para você, leitor, que vive em um mundo onde religião e economia andam distantes, pensar que uma já tenha sido usada para justificar a outra. Mas era assim que o pensamento europeu dos séculos XV e XVI funcionava: era a religião que organizava o mundo, que estabelecia o certo e o errado. E, para o catolicismo de então, os africanos, com suas religiões não aceitáveis – some-se o fato de que muitos eram muçulmanos –, tinham um pecado para purgar. Almas deviam ser salvas e a escravização era o remédio indicado (Davis, 2001).

E quanto aos índios? Logo da descoberta da América, os europeus tinham dúvidas sobre a humanidade dos indígenas e, portanto, se eles tinham alma. Foi necessária uma Bula Papal para que isso fosse aceito. Logo, se tinham alma, poderiam ser salvos, também, pelo evangelho, tal como se fazia com os africanos. Havia, contudo, uma diferença importante: os europeus supunham que os indígenas, ao contrário dos africanos, não tinham religião. Isso era visível, para os europeus, pelo fato de que os nativos não tinham templos. Se não tinham templos, igrejas, santuários, não tinham religião. Se não tinham religião, então eram inocentes do mal, e não havia pecado para purgar. Não eram muçulmanos ou idólatras e, por isso, não havia motivo real para seu suplício. O mesmo não se dava com os africanos. E isso estabeleceu a diferença entre indígenas e africanos. Muitos anos depois do início da conquista, o frei Vicente do Salvador (1627, p. 45) relatou, em sua *História do Brasil*, sobre os nativos capturados: "porque a cobiça os portugueses tinha dado em cativar quantos podiam colher, fosse justa ou injustamente, proibiu o governador isto com graves penas, e mandou dar liberdade a todos os que contra justiça eram tratados como escravos".

Saindo da África, os escravizados tinham os destinos mais diversos. Se o paradeiro fosse o Brasil, os portos seriam, quase sempre, os da Bahia, Pernambuco, Rio de Janeiro e, bem adiantado no tempo, Belém. Logo no começo, no século XVI, Pernambuco foi o principal porto de recepção de escravos. Porém, isso logo mudou, e Salvador se tornou a principal porta de entrada, tanto no século XVII como na primeira metade do século XVIII. O Rio de Janeiro se tornou o maior porto importador de escravos do Brasil durante a segunda metade do século XVIII, posição que foi mantida até o final do tráfico, em 1850. Provavelmente, foi a capital baiana o maior porto de entrada de escravos da história – e isso não se referia apenas ao Brasil, mas ao mundo. O segundo maior, provavelmente, foi o Rio de Janeiro.

Uma vez chegados a fazendas, chácaras, sítios e casas, o trabalho dos escravos era usado das mais diversas formas: eles poderiam ser lavradores de cana, atuar como administradores ou mesmo controlar o trabalho de outros cativos. Poderiam também atuar como barbeiros, cortadores de cabelo e aplicadores de sanguessugas (uma técnica médica do século XIX) nas ruas das grandes cidades, algo muito comum e normal para a época. Poderiam trabalhar na lida com o gado, marcando os animais, domando ou conduzindo tropas de mulas e cavalos. Eram vistos levando os dejetos das casas para a rua ou para o mar. Ao mesmo tempo, eram eles que levavam água das fontes para as residências. Estavam ocupados fazendo grosseiros chapéus e finas peças de ourivesaria. Poderiam atuar como tipógrafos ou gravadores de litografias. Pescavam, plantavam, cortavam lenha, colhiam mariscos e atuavam como marinheiros. Também eram vistos fazendo e consertando sapatos, roupas e artefatos cotidianos. Estavam em todos os lugares e faziam todos os trabalhos.

A escravidão no Brasil é um tema vasto. Procuramos, neste livro, fazer um panorama geral dos seus temas mais importantes. Assim sendo, no Capítulo 1, "A escravidão e seus historiadores", veremos uma síntese sobre as escolas mais importantes da historiografia brasileira que estudaram a escravidão e como o fizeram. Nesse sentido, apresentaremos os historiadores do século XIX e sua ideia de escravidão. Na sequência, vamos falar de Gilberto Freyre, um marco importante desses estudos, o qual, apesar disso, tentou "adoçar" um pouco a imagem do cativeiro. Abordaremos, na continuidade, a ideia de escravidão desenvolvida pela Escola de Sociologia de São Paulo, que refutou qualquer imagem adocicada desta; porém, ao fazer isso, acabou criando outra faceta: o escravo "coisa", incapaz de conduzir sua vida. Por fim, veremos a historiografia dos anos 1980, que revolucionou as abordagens sobre o tema, além das contribuições mais recentes.

No Capítulo 2, "O continente africano e o tráfico de escravos", vamos falar do local de origem dos milhões de escravos que chegaram ao Brasil: a África. Conheceremos um pouco de sua geografia e de sua história, dando atenção especial aos locais de maior participação no tráfico Atlântico de escravizados, ou seja, Angola, Golfo de Benin e Moçambique. Vamos avaliar o peso do tráfico ao longo dos séculos em que ele vigorou e conhecer quem eram os seus operadores – os traficantes de escravos. Por fim, daremos uma olhada no perfil dos escravos trazidos para o Brasil, ou seja, suas características demográficas: se vinham mais homens do que mulheres, se eram mais adultos que crianças, de quais regiões etc. Saber essas informações nos ajudará a compreender muitas coisas sobre a história do Brasil.

No Capítulo 3, "A sociedade patriarcal", conheceremos de perto a estrutura social da base do escravismo: a família patriarcal e suas manifestações coletivas, que formaram uma sociedade baseada na desigualdade, onde muitos trabalhavam e outros se encarregavam apenas de mandar. Vamos observar também algo que não é tão conhecido do grande público: a família escrava, elemento fundamental para a organização da vida dos cativos. Falaremos ainda das diversas formas de resistência criadas pelos escravos, dando especial atenção às fugas e à criação de quilombos.

Vamos, no Capítulo 4, "A escravidão na *plantation* e nos mundos rurais", estudar a manifestação mais conhecida da escravidão, aquela realizada na *plantation*, ou seja, nas grandes plantações voltadas para a exportação, como a cana, o algodão e o café. Veremos também seu contraponto: a escravidão em setores voltados para o abastecimento da sociedade colonial, inclusive da *plantation*. Para isso, vamos conhecer as áreas onde essas produções ocorriam, suas características, sua estrutura social e suas formas peculiares de relações entre senhores e seus escravos. Além disso, veremos um pouco sobre as mudanças nas unidades produtivas do século XIX, quando o escravismo atingiu níveis nunca antes realizados.

No Capítulo 5, "A escravidão urbana", trataremos deste outro lado do cativeiro. Quase sempre, quando se fala em escravidão, pensamos na grande lavoura de exportação, ou seja, nos mundos rurais. Todavia, a escravidão estava também nas cidades, tanto nas grandes quanto nas pequenas, ainda que nos maiores núcleos urbanos nós tenhamos muitos relatos de sua existência. Além disso, era nos grandes centros que os escravos realizavam as mais diferentes tarefas. Veremos um pouco sobre os "escravos de ganho", aqueles que atuavam vendendo coisas ou prestando serviços pelas movimentadas ruas da época. Por fim, mostraremos a opinião dos forasteiros, dos viajantes estrangeiros que andavam pelas cidades e suas opiniões sobre o escravismo. É claro que também vamos parar um segundo para uma rápida olhada no que a literatura do século XIX falou sobre o assunto.

No último capítulo, falaremos da "Abolição, pós-abolição e o destino dos libertos", dando fecho ao nosso livro. Vamos avaliar todas as lutas pela liberdade e as diversas formas que os escravos tiveram para forçar o fim do seu cativeiro. Não foi tarefa fácil, pois os grandes senhores lutaram até o final para manter aqueles que julgavam propriedade sua. No entanto, diversas iniciativas foram minando, paulatinamente, o escravismo, abrindo espaço para o abolicionismo. Com o tempo, importantes instituições foram aderindo à causa da liberdade, inclusive a família Real, a Igreja e o Exército, ainda que tudo isso só tenha sido possível graças a décadas de lutas populares.

Espero que o leitor e a leitora que agora estão ocupados com estas linhas apreciem o esforço de síntese que foi feito para a realização deste livro. É um tema clássico da historiografia, para o qual muita tinta foi usada. Espero ter encontrado a melhor forma de contar esta história, que fala muito do presente do Brasil, e não apenas no que se refere à herança do período da escravidão. É claro que ela é imensa e perceptível em muitos aspectos da vida social. Você encontrará, por exemplo, no Capítulo 5, vasta notícia sobre o estranhamento dos estrangeiros para com nossa escravidão e a forma como nossa sociedade lidava com o trabalho. A atualidade do tema, contudo, vai além disso. Cada vez mais, no Brasil, há relatos do chamado "trabalho escravo contemporâneo", ou das "condições análogas à escravidão", quando fiscais do trabalho se deparam com práticas muito semelhantes àquelas usadas no período colonial e durante o Império, algo que daria, aliás, muitas possibilidades de debate em sala de aula.

Capítulo 1
A escravidão
e seus historiadores

Antes de embarcar de vez no tema da escravidão no Brasil, convém conhecermos os principais autores que falaram sobre esse assunto, ou seja, a historiografia da escravidão. Mas o que quer dizer *historiografia*? Trata-se, literalmente, da "escrita da história", aquilo que foi escrito pelos historiadores de um dado assunto. Isso significa dizer que a própria história muda de acordo com o mundo em que vivem os historiadores. Vamos nos aventurar pelo universo dos historiadores da escravidão não apenas para reconhecer sua importância, mas, especialmente, para compreender que o conhecimento que temos hoje é fruto de décadas de debates e polêmicas. Cada um desses autores deve ser visto como fruto de seu tempo, como alguém que escreveu com as ideias de uma determinada época e para as pessoas daquela época.

O tema da escravidão nem sempre foi um assunto de interesse. Ainda no século XIX, quando surgiram os primeiros livros de História do Brasil, esse assunto não era dos mais abordados. Ele se tornou interessante depois da abolição. Nos anos 1930, ele recebeu grande atenção, momento em que surgiu a obra clássica de Gilberto Freyre, *Casa-Grande & Senzala*, a qual propõe uma leitura inovadora da história do Brasil. Nos anos 1960, temos uma nova geração de pesquisadores da escravidão, na chamada *Escola Sociológica de São Paulo*. Todavia, nada se compara com a importância que teve a geração de historiadores que produziu seus trabalhos na década de 1980. Esses anos foram de grande renovação e de muitas descobertas sobre o tema. A história da escravidão no Brasil nunca mais foi a mesma, sendo que até hoje aqueles autores são as principais referências do assunto (Lara, 2005, 1988; Schwartz, 2001).

(1.1)
A HISTORIOGRAFIA DO SÉCULO XIX E DO INÍCIO DO SÉCULO XX

Nem sempre o Brasil teve uma história para chamar de sua. Logo após a Independência, não havia clareza sobre o que seria resgatado como digno de ser lembrado – e sobre o que deveria ser esquecido. Essa dúvida, aliás, foi comum em todas as histórias nacionais e muito corrente no século XIX. Não era um problema só da jovem nação. Para o leitor de hoje, que foi conduzido ao tema ainda na escola, tudo parece óbvio. Porém, em 1838, quando foi criado o Instituto Histórico e Geográfico Brasileiro (IHGB), não estava claro para ninguém quais capítulos deveriam compor um livro que tratasse da História do Brasil.

Quais fatos? Quais personagens? Qual a forma de contar? Nada disso era evidente. Foi por essa razão que, em 1840, o mesmo instituto decidiu pela realização de um "prêmio" para indicar aquele que apresentasse "o mais acertado – Plano de se escrever a História antiga e moderna do Brasil, organizada com tal sistema que nela se compreendam as suas partes política, civil, eclesiástica e literária" (Jornal do Instituto Histórico e Geográfico do Brasil, 1840, citado por Martius, 1844, p. 1). Quem saísse vencedor receberia uma "medalha de ouro" no valor de 200 mil réis. O felizardo foi um naturalista bávaro, Karl Friedrich Von Martius, com a monografia *Como se deve escrever a história do Brasil*.

Figura 1.1 – Anúncio do prêmio para uma história do Brasil

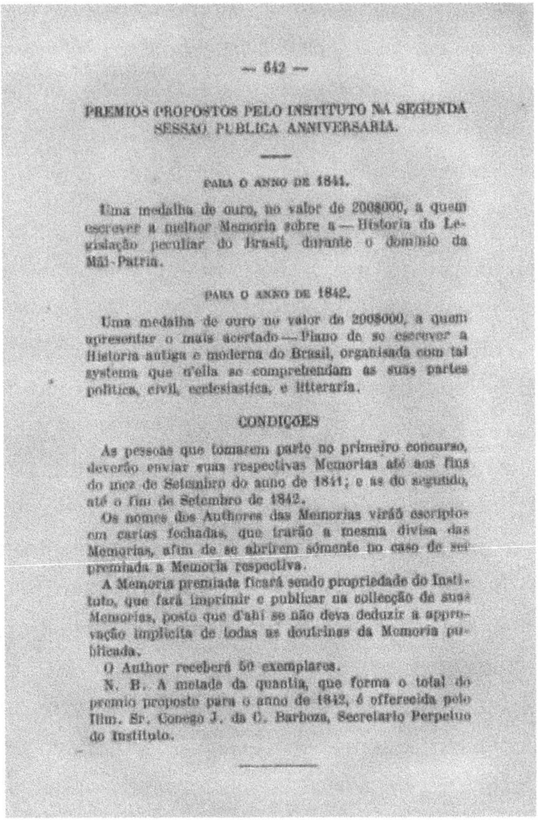

— 642 —

PREMIOS PROPOSTOS PELO INSTITUTO NA SEGUNDA SESSÃO PUBLICA ANNIVERSARIA.

PARA O ANNO DE 1841.

Uma medalha de ouro, no valor de 200$000, a quem escrever a melhor Memoria sobre a — Historia da Legislação peculiar do Brasil, durante o dominio da Mãi-Patria.

PARA O ANNO DE 1842.

Uma medalha de ouro no valor de 200$000, a quem apresentar o mais acertado — Plano de se escrever a Historia antiga e moderna do Brasil, organisada com tal systema que n'ella se comprehendam as suas partes politica, civil, ecclesiastica, e litteraria.

CONDIÇÕES

As pessoas que tomarem parte no primeiro concurso, deverão enviar suas respectivas Memorias até aos fins do mez de Setembro do anno de 1841; e as do segundo, até o fim de Setembro de 1842.

Os nomes dos Authores das Memorias virão escriptos em cartas fechadas, que trarão a mesma divisa das Memorias, afim de se abrirem sómente no caso de ser premiada a Memoria respectiva.

A Memoria premiada ficará sendo propriedade do Instituto, que fará imprimir e publicar na collecção de suas Memorias, posto que d'ahi se não deva deduzir a approvação implicita de todas as doutrinas da Memoria publicada.

O Author receberá 50 exemplares.

N. B. A metade da quantia, que forma o total do premio proposto para o anno de 1842, é offerecida pelo Illm. Sr. Conego J. da C. Barboza, Secretario Perpetuo do Instituto.

Fonte: Revista do Instituto Histórico e Geográfico Brasileiro, 1840, p. 642.

A obra de Martius resumia a história do Brasil por meio da contribuição dos três elementos humanos: brancos, negros e indígenas. Segundo ele (Martius, 1844, p. 1):

> São porém estes elementos de natureza muito diversa, tendo para a formação do homem convergido de um modo particular três raças, a saber: a de cor de cobre ou americana, a branca ou Caucasiana, e enfim a preta ou etiópica. Do encontro, da mescla, das relações mútuas e mudanças dessas três raças, formou-se a atual população, cuja história por isso mesmo tem um cunho muito particular.(Martius, 1844, p.1)

O leitor atento deve ter percebido que já ouviu essa ideia em algum lugar ou, talvez, que essa seja mesmo a forma correta de se pensar a história. Na verdade, essa noção começou com Von Martius, passou por Gilberto Freyre (como veremos a seguir) e se popularizou com muita força, até mesmo na música popular, como no caso da canção *Canto das três raças*, de Mauro Duarte e Paulo César Pinheiro, imortalizada na voz de Clara Nunes. Daí entendemos sua divulgação. Mas esta não era a única forma. Haveria (e há) muitíssimas formas válidas de se escrever essa história. Esta é, aliás, uma boa atividade para a sala de aula: comparar a letra da canção com as ideias que circulam pelo senso comum, avaliando como algumas explicações se tornam mais populares que outras.

Martius (1844) ia em busca das origens e dos povos fundadores, porém, ao incluir os três, não o fazia de modo equilibrado ou democrático. Para ele, os portugueses eram a força primordial, os conquistadores. O lugar dos outros era subalterno: "O sangue Português, em um poderoso rio deverá absorver pequenos confluentes das raças Índia e Etiópica" (Martius, 1844, p. 6). Ele não se detém na história da escravidão indígena quando fala dos nativos, mas toca no assunto em relação aos africanos. Para ele, não haveria "dúvida que o Brasil teria tido um desenvolvimento muito diferente sem a introdução dos escravos negros" (Martius, 1844, p. 1). Ainda que subalternos, os escravos e seus descendentes tinham algum lugar na história. O passar dos anos faria mostrar que isso não era algo óbvio.

Martius (1844) não fez uma história. Sua premiada missão era apenas propor como deveria ser escrita a história, quando o fosse, naturalmente. A RIHGB, para o século XIX, tem vários estudos sobre a História do Brasil, a maioria deles focado em algum tema específico, em alguma região. Contudo, a mesma revista, para o período, não apresenta artigos sobre a escravidão e parece pouco se interessar pelo tema, que deveria ser um "espinheiro" na época, já que o escravismo ainda vigorava. Há, contudo, um artigo de 1839 do cônego Januário da Cunha Barbosa discutindo, como diz o título, se "a introdução dos escravos Africanos no Brasil embaraça a civilização dos nossos indígenas", texto no qual encontramos algumas reflexões sobre a história da escravidão no século XIX (Barbosa, 1839). Esse escrito aborda conjuntamente a escravidão de indígenas e de africanos e condena as duas por seus impactos históricos. Contudo, o texto acusa a escravidão africana de prejudicar os grupos nativos, já que estes eram ignorados pelos fazendeiros pela facilidade de compra de escravos africanos, nunca eram incluídos no mundo dos brancos e, em especial, nunca eram catequizados. Há um tom favorável aos nativos em detrimento dos africanos, sugerindo que a catequese formaria bons trabalhadores indígenas, o que dispensaria o tráfico atlântico (Barbosa, 1839).

A tarefa de escrever a história do Brasil pela primeira vez acabou nas mãos de Francisco Adolfo de Varnhagen, que publicou sua *História geral do Brasil* em 1857. Ao longo de suas 1200 páginas, Varnhagen falou muito dos portugueses, pouco dos indígenas e muito pouco dos africanos. Ainda que Von Martius acreditasse na importância maior dos portugueses, Varnhagen levou essa desigualdade muito a sério. Do total de páginas, apenas 11 foram dedicadas para falar dos africanos e da África, e, mesmo dessa pequena amostra, uma boa porção tratou de outros assuntos. Também para Varnhagen, como fora para Barbosa (1839), a escravidão africana teria sido evitável com alguns ajustes no trabalho dos colonos e dos indígenas. E, tal como fora para Barbosa, essa opinião não pareceria surgir de uma simples reprovação do cativeiro africano, mas sim de uma grande antipatia por esses povos.

> *a cujo vigoroso braço deve o Brasil principalmente – os trabalhos do fabrico do açúcar, e modernamente os da cultura do café; mas fazemos votos para que chegue um dia em que as cores de tal modo se combinem que venham a desaparecer totalmente no nosso povo os característicos da origem africana, e por conseguinte a acusação da procedência de uma geração, cujos troncos no Brasil vieram conduzidos em ferros do continente fronteiro, e sofreram os grilhões da escravidão, embora talvez com mais suavidade do que em nenhum outro país da America, começando pelos Estados Unidos do Norte.* (Varnhagen, 1870, p. 220)

O trecho citado apresenta várias concepções que, posteriormente, foram mais trabalhadas por outros autores. A mais importante, certamente, por meio da comparação com os Estados Unidos, é marcar a "suavidade" da violência do cativeiro no Brasil. Ele não chega a negar a violência e os "grilhões", o que, de resto, não seria possível, já que ele mesmo era testemunha disso tudo. A experiência americana, contudo, serviria para minimizar esse quadro. Não nos interessa discutir aqui se, de fato, a escravidão nos Estados Unidos foi pior que a no Brasil. Muitos autores posteriores afirmaram isso e muitos outros discordaram. Interessa-nos, agora, informar ao leitor que essa comparação foi feita muitas vezes ao longo do século XX.

Ao longo do capítulo *Escravidão d'africanos*, Varnhagen reproduz outras ideias que vão se difundir ao longo do tempo. Ele pinta o continente africano como um grande "Estado de natureza", onde só os fortes poderiam sobreviver. Como veremos, esse quadro era absolutamente equivocado, mas essa ideia era muito comum e Varnhagen não foi o único a manifestá-la na época. Sua força vinha justamente da capacidade de aguentar qualquer ambiente e pelo seu "gênio alegre", que os faria suportar tudo com seus cantos monótonos, ainda que afinados. Além de tudo isso, ainda comenta, em uma breve frase, sobre sua "fecundidade", que permitiria "povoar o orbe todo de negreria". Esta última frase é marcante: a ideia de que os africanos seriam mais sexualizados que outros povos e de tal forma promíscuos plantou raízes profundas na sociedade brasileira. Mesmo autores importantes, como aqueles da Escola Sociológica Paulista, caíram nesse engano, que passa, entre outros, pela influência da obra de Varnhagen. Essa situação seria fruto da violência à qual o escravo era submetido, como se a única resposta possível por parte deste fosse instintiva, animal.

E foi Varnhagen, também, um dos autores que destacou o impacto da violência sobre a capacidade dos escravos em construir seu mundo:

> *A escravidão, como ela foi admitida entre nós, alheia à ternura da família, endurecia o coração dos escravos, os quais não queriam adquirir inclinações que de um a outro momento lhes seriam contrariadas, nem podiam interessar-se tanto pela prosperidade de seu próprio senhor; visto que d'ella nada lhes cabia em sorte, desde o dia em que passam a outro dono.* (Varnhagen, 1870, p. 222-223)

Não poderiam, segundo Varnhagen (1870), os escravos construir qualquer coisa, nem constituir família, já que a dureza do cativeiro lhes tinha endurecido o coração. Veremos, a seguir, que os escravos construíram um mundo novo com suas famílias, quando possível, mesmo com todas as asperezas da escravidão.

Para além de Varnhagen, podemos mencionar como exemplos de autores relevantes para a história da escravidão, ainda no século XIX, pensadores como Joaquim Nabuco e Perdigão Malheiro, os quais, embora tivessem agendas políticas particulares com seus textos (ambos atuavam na militância abolicionista, ainda que com grandes diferenças), tocaram no assunto de forma direta. No final do século XIX, cabe mencionar a forma como Nina Rodrigues também tratou o assunto, dando especial atenção ao debate racial, então muito em voga na época, que apostava na superioridade de algumas raças e na inferioridade de outras. Era o "racismo científico" que pretendia dar áreas de ciência ao preconceito herdado do período colonial. Houve, contudo, um autor que não aceitou essas "teorias" e as repudiou completamente: Manoel Bomfim (2008). Foi com base em boa parte das obras desse autor que Gilberto Freyre construiu sua explicação.

(1.2)
GILBERTO FREYRE E SEUS DISCÍPULOS

Gilberto Freyre foi um dos mais importantes pensadores brasileiros do século XX e um dos mais destacados pesquisadores sobre a escravidão. Sua obra *Casa-Grande & Senzala*, de 1933, representou uma mudança nos estudos sobre as relações entre senhores e escravos e sobre o significado da presença africana na cultura do Brasil. Nas palavras de Stuart Schwartz (2001, p. 23): "foi mesmo depois do livro de Freyre que a escravidão e os africanos ganharam papel fundamental no relato histórico do Brasil. Nesse sentido, o livro dele foi um marco na interpretação da história do Brasil". Freyre foi aluno do antropólogo Frans Boas nos Estados Unidos e, depois dessa experiência, viajou pela Europa e se deteve nos Arquivos Históricos em Portugal, onde iniciou a escrita da sua obra mais famosa. Não deixa de ser relevante informar ao leitor que Freyre também tinha um lugar de fala. Era filho de uma tradicional família pernambucana, descendente de gerações de senhores de escravos. Ele mesmo conhecera, em sua infância, ex-escravos de sua família, e isso não parece ter sido indiferente em sua escrita.

A obra *Casa-Grande & Senzala* retomou a divisão tripartite de Von Martius, desenhando a formação do Brasil como fruto da participação de brancos, negros e indígenas. Por um lado, resgatar a divisão de Martius era um tanto audaz, em um ambiente intelectual que refutava por completo as contribuições africanas. Por outro lado, cada um dos três "fundadores" do Brasil – brancos, negros e indígenas – tinha um papel diferente, além de uma importância diferente. O foco central da obra era entender a forma como a sociedade brasileira fora edificada tendo por base a família patriarcal. Para ele, esta era a chave de compreensão do Brasil: uma sociedade organizada em famílias poderosas, representadas na metáfora da "casa-grande". Porém, essa família patriarcal, que teria por líder um senhor de escravos, não poderia ser entendida sem suas relações com a senzala: relações de trabalho, relações sociais e relações sexuais.

Freyre trabalhava quase como um desenhista que pinta, de forma exagerada, aquilo que quer salientar em seus personagens. Para ele, os portugueses tinham por característica fundamental a "plasticidade" – uma capacidade muito grande de se adaptar em qualquer ambiente. Essa habilidade, contudo, não era própria dos lusitanos. Eles haviam aprendido isso ao longo de séculos de contato com os africanos, que haviam amolecido a rigidez europeia:

> A obra *Casa-Grande & Senzala* retomou a divisão tripartite de Von Martius, desenhando a formação do Brasil como fruto da participação de brancos, negros e indígenas.

*A singular predisposição do português para a colonização híbrida e escravo-
crata dos trópicos, explica-a em grande parte o seu passado étnico, ou antes,
cultural, de povo indefinido entre a Europa e a África. Nem intransigente-
mente de uma nem de outra, mas das duas. A influência africana fervendo
sob a europeia e dando um acre requeime à vida sexual, à alimentação,
à religião; o sangue mouro ou negro correndo por uma grande população
brancarana quando não predominando em regiões ainda hoje de gente
escura; o ar da África, um ar quente, oleoso, amolecendo nas instituições
e nas formas de cultura as durezas germânicas; corrompendo a rigidez
doutrinária e moral da Igreja medieval; tirando os ossos ao Cristianismo,
ao feudalismo, à arquitetura gótica, à disciplina canônica, ao direito visi-
gótico, ao latim, ao próprio caráter do povo. A Europa reinando mas sem
governar: governando antes a África.* (Freyre, 1954, p. 70)

Nesse curto trecho da obra, podemos observar algumas questões centrais para o autor. Em primeiro lugar – e isso representava uma posição arrojada para a época –, a contribuição africana adquire uma posição de destaque. É ela quem governa, mas o faz de modo quase dissimulado. Governa pelo "amolecimento" das instituições, quase que com certa malícia. Estamos novamente diante da ideia do africano sexualizado, que seduz o português de modo avassalador:

*Quanto à miscibilidade, nenhum povo colonizador, dos modernos, excedeu
ou sequer igualou nesse ponto aos portugueses. Foi misturando-se gostosa-
mente com mulheres de cor logo ao primeiro contato e multiplicando-se em
filhos mestiços que uns milhares apenas de machos atrevidos conseguiram
firmar-se na posse de terras vastíssimas e competir com povos grandes e
numerosos na extensão do domínio colonial e na eficácia de ação coloni-
zadora.* (Freyre, 1954, p. 103)

Fora a vida sexual de portugueses e de africanos a responsável pela colonização, amolecendo a família patriarcal. A recepção da obra logo nos primeiros anos foi muito positiva. Logo foi considerado um autor "moderno" e sua narrativa foi imediatamente considerada inovadora, especialmente pelo que foi chamado, na época, de "elogio ao negro". Aos olhos dos seus contemporâneos, Freyre dava especial atenção aos negros, e isso era, para a época, uma novidade. Logo também recebeu críticas por tentar aplicar ao conjunto do Brasil uma realidade que, para alguns, seria típica apenas das regiões Norte e Nordeste. Além disso, foi considerado pouco científico por empregar palavras vulgares quando falava da sexualidade, algo que causou certo desconforto na época (Giucci, 2000).

Nos anos 1940, o sucesso de Freyre foi muito grande também no exterior. Uma obra, particularmente, destaca-se por isso: *Slave and Citizen*, de Frank Tannenbaum, publicada em 1947 nos Estados Unidos. O autor se baseou profundamente na obra do pernambucano e estabeleceu uma explicação bastante peculiar tendo em conta aquela influência. Para ele, o escravo seria tratado de maneira branda e teria mais direitos na América Latina por conta da influência católica, enquanto seria tratado com dureza e sem quaisquer benefícios na América inglesa devido às formas de cristianismo daquela região. Era um estudo comparativo, que influenciou várias gerações de historiadores nos Estados Unidos (Matheus, 2015; Tannenbaum, 1947).

A boa recepção dos anos 1930 e 1940 foi seguida pela negação da obra de Freyre. Isso acontece, especialmente, no seio da jovem Faculdade de Filosofia, Ciências e Letras da Universidade de São Paulo (USP), onde *Casa-Grande & Senzala* era considerada uma obra ensaística, ou seja, sem a devida metodologia e sem grandes esforços de pesquisa empírica. Para eles, a obra de Freyre era pouco especializada e demasiadamente regionalista, coisas que estariam em desacordo com o pensamento moderno e com as proposições teóricas adequadas da sociologia (Sorá, 1998). As posições políticas conservadoras de Freyre ao longo dos anos 1940 e 1970 só aumentaram a insatisfação contra ele, fazendo que sua obra também ficasse em descrédito. Nos anos 1980, com o incremento dos estudos sobre escravidão, Freyre voltou ao debate e, desde então, vem se mantendo como uma referência fundamental para a história da escravidão brasileira (Giucci, 2000).

Mais recentemente, o autor pernambucano vem sendo novamente usado com muita força. Autores como Silvia Brügger (2007), em seu livro *Minas patriarcal*, Carlos Alberto Lima (1997), em sua tese intitulada *Pequenos patriarcas: pequena produção e comércio miúdo, domicílio e aliança na cidade do Rio de Janeiro (1786-1844)*, além do livro *A trama das vontades*, de Cacilda Machado (2008), vêm discutindo de modo afirmativo a influência de Freyre, avaliando o coração de suas ideias e as possibilidades de seu emprego em áreas diversas da grande lavoura de exportação pernambucana. Longe de negar a violência no cotidiano da escravidão, essas obras procuram debater o modelo de família apresentado pelo autor, não apenas como a organização mais poderosa, mas também como a mais desejada (Machado, 2008; Brügger, 2007).

O legado de Freyre é objeto de polêmicas até os dias atuais. Stuart Schwartz, autor com uma visão completamente diferente da de Freyre, disse, em obra de 2001, que "os historiadores modernos da escravidão brasileira são todos, queiram ou não, afilhados de Freyre e Tannembaum", lembrando da forma como o pernambucano penetrou nos Estados Unidos (Schwartz, 2001, p. 28). Por outro lado, autores como Herbert Klein e Francisco Vidal Luna escreveram, em 2010, que a "complexidade do sistema escravista brasileiro vem sendo lentamente revelada através da abertura gradual de arquivos locais e provinciais por historiadores e outro cientistas sociais, e mostra um mundo muito mais rico e complexo do que aquele apresentado por Gilberto Freyre" (Klein; Luna, 2010, p. 355). Percebemos que a interpretação de Freyre continua sendo disputada, tendo passado por fases de discussão, esquecimento e recuperação.

(1.3)
A Escola Sociológica de São Paulo

Entre o final dos anos 1950 e o final dos anos 1960 surgiram vários trabalhos que buscaram apresentar uma nova visão sobre a situação do negro no Brasil e a escravidão. Foi a partir dos trabalhos de Florestan Fernandes e Roger Bastide que se iniciou a chamada *Escola Sociológica Paulista*, como também ficou conhecida essa geração de cientistas sociais. Foi o primeiro bastião de crítica às ideias de Gilberto Freyre, refutando de modo claro qualquer referência à chamada *democracia racial*, ideia que, segundo eles, seria própria do pensamento freyreano e na qual a escravidão seria vista como tendo sido benevolente, com boas relações entre senhores e escravos. Ao mesmo tempo, a crítica atacava a ideia, presente em Freyre, de que a violência escravista era menor no Brasil do que em outras partes do mundo onde também havia trabalho escravo.

Segundo Fernandes (1979, p. 38):

A força bruta, em sua expressão mais selvagem, coexistia com a violência organizada institucionalmente e legitimada pelo "caráter sagrado" das tradições, da moral católica, do código legal e da "razão de Estado". O mítico paraíso tropical escondia, pois, um mundo sombrio, no qual todos eram oprimidos, embora muito poucos tivessem acesso, de uma maneira ou de outra, à condição de opressores.

Fernandes (1979) centrava sua análise da escravidão nas relações entre o Brasil e a Europa, tendo como pano de fundo o desenvolvimento do capitalismo. Era a relação de exploração da colônia pela metrópole que movia a engrenagem da exploração do trabalho escravo. A chave da explicação estava no exterior, na forma como o Brasil era explorado:

De um lado, estava a apropriação realizada pelo senhor ao nível da produção escravista e da exploração do trabalho escravo. Contudo, essa apropriação não se esgotava em si mesma: o proprietário do escravo e, portanto, proprietário de sua força de trabalho e do seu produto, não era proprietário exclusivo do excedente gerado pela produção escravista, cujo valor, nos setores de maior significação econômica, se realizava, necessariamente, fora e acima da Colônia. (Fernandes, 1979, p. 20)

O foco da análise não era tanto a relação entre o senhor e o escravo, pois esta seria subordinada à relação entre a colônia e a metrópole. O resultado dessa relação, contudo, era profundamente deletério para o escravo, que era desgastado pelo trabalho e condenado, socialmente, à "anomia social", ou seja, vivendo em mundo desregrado, desorganizado e sem capacidade de ação. Criou-se a imagem do escravo "coisa", incapaz de construir sua vida e de estabelecer estratégias de sobrevivência. O cativo "ficou com a poeira da estrada", como disse Fernandes (2008, p. 257). Se é correto dizer que a violência era bastante deletéria para os escravos, a crítica ao trabalho de Fernandes mostrou que, apesar dos desgastes, os escravos conseguiram construir relações sociais bastante fortes, duradouras e complexas, como veremos a seguir e ao longo deste livro.

Aluno e discípulo de Fernandes, Fernando Henrique Cardoso escreveu seu *Capitalismo e escravidão no Brasil Meridional* considerando o mesmo pano de fundo que seu mestre. Em sua obra, é enfatizada ainda mais a "coisificação" do escravo, que aparece incapaz de qualquer ação ou opinião, pois "do ponto de vista jurídico é óbvio que, no sul como no resto do país, o escravo era uma *coisa*" (Cardoso, 1977, p. 125, grifo do original). E continuava o autor dizendo que:

> A reificação do escravo produzia-se objetiva e subjetivamente. Por um lado, tornava-se uma peça cuja necessidade social era criada e regulada pelo mecanismo econômico de produção. Por outro lado, o escravo autorrepresentava-se e era representado pelos homens livres como um ser incapaz de ação autonômica. Noutras palavras, o escravo se apresentava, enquanto ser humano tornado coisa, como alguém que, embora fosse capaz de empreender ações com "sentido", pois eram ações humanas, exprimia, na própria consciência e nos atos que praticava, orientações e significações sociais impostas pelos senhores. (Cardoso, 1977, p. 125)

Ainda que o autor admitisse diferenças nos tratamentos dos escravos, por exemplo, entre os escravos das charqueadas e aqueles das estâncias (onde seriam mais bem tratados), tudo isso não passava de sensações que em nada mudavam a situação do escravo, que "jamais anulavam a significação fundamental da condição de escravo", já que o escravo das estâncias teria de "procurar em si mesmo, comparando-se aos animais e não aos homens" (Cardoso, 1977, p. 128).

Outra autora relevante nessa tradição acadêmica foi Suely R. de Queiroz (1977), com sua obra *Escravidão negra em São Paulo*, em que questiona a pouca presença de escravos em São Paulo. Dentro da mesma corrente, a autora via a escravidão de tal modo que os escravos eram completamente desqualificados, sem qualquer espaço para construir suas vidas. Segundo Queiroz (1977, p. 46-47):

> Nenhum direito, nenhum sentimento concedido, mesmo os de família. Máquinas às vezes, outras, mero animal, reduzidos ainda à condição de

'coisa', todos os misteres árduos ou degradantes lhes eram imputados – deveriam seguir o gênero de vida que lhes fosse traçado, executar tarefas a respeito das quais jamais era consultados [...].

A historiografia da década seguinte, sem discordar da crítica à ideia de benevolência senhorial freyreana, repudiou completamente a noção de escravo "coisa" ou "animal", afirmando as múltiplas formas de resistência escrava e a forma como estes conseguiram, apesar de tudo, construir laços sociais muito fortes. Trataremos sobre isso a seguir.

(1.4) A HISTORIOGRAFIA DOS ANOS 1980

Uma terceira ruptura aconteceu ao longo dos anos 1980. Foi uma década extremamente fértil em pesquisas e livros sobre o tema da escravidão no Brasil colonial, cujo clímax se deu no ano de 1988, no Centenário da Abolição, quando foram lançados mais de cem livros sobre os temas relativos ao mundo dos escravos. A importância dessa geração, contudo, não deve ser medida apenas na quantidade de livros publicados. Parte expressiva das ideias que hoje temos como as mais adequadas para compreender a escravidão no Brasil foram gestadas nessa década.

Isso não quer dizer, contudo, que todos os autores concordem entre si. É claro que há divergências. Porém, de modo geral, há consensos que nos permitem afirmar que esses autores estão mais unidos entre si do que com as gerações anteriores. Uma das noções mais importantes é a que considera os escravos aptos para estabelecer planos, estratégias, enfim, para construir caminhos e alternativas em suas vidas. Ou seja, essa geração negou a "anomia" social defendida pela Escola Sociológica Paulista, destacando o potencial de negociação dos cativos. Esta palavra, *negociação*, entrou com muita força na historiografia desde então. Ela não pretende negar a violência física que é própria do universo do cativeiro, mas apresentar uma outra faceta desse mundo, na qual os escravos puderam – e trataram de – fazer alterações no sistema para que ele fosse um pouco mais suportável.

A historiografia dos anos 1980 tem como antecedentes três importantes historiadores dos anos 1970: Jacob Gorender, Kátia Mattoso e Ciro Cardoso. Os três criaram obras relevantes ao seu tempo, ainda que um deles, Gorender, tenha sido profundamente criticado nos anos seguintes. Ciro Cardoso, por seu lado, orientou pesquisas inovadoras nos anos 1980 e tem seu lugar de destaque. Tanto Gorender quanto Cardoso mantinham uma posição contrária a Gilberto Freyre, tanto por valorizar demasiadamente a "casa-grande" quanto por minimizar a violência na escravidão. Ao mesmo tempo, tampouco concordavam com a Escola Sociológica de São Paulo, seja pela ênfase no caráter colonial, para Gorender, seja pela rigidez que essa escola tinha na análise da ação dos escravos. Kátia Mattoso lançou, em 1979, na França, uma obra audaz, *Ser escravo no Brasil*.

A obra de Gorender (1978), *O escravismo colonial*, densa, com mais de 570 páginas, pretendia criar uma teoria geral do escravismo, tendo por base tanto a centralidade da escravidão para uma sociedade colonial, ou seja, criada sob a sobra de uma metrópole para onde os excedentes eram enviados. O autor, contudo, não concordava plenamente com os estudos que apontavam o comércio colonial como elemento mais importante. Para Gorender (1978), o estudo da sociedade colonial deveria partir do escravo, da exploração do trabalho escravo, ou seja, de questões internas. Apesar de importante, a obra de Gorender pretendia identificar as "leis" sociológicas que regiam o sistema escravista. Ao fazer isso, acabou desenhando um universo bastante rígido no qual as diversas ações dos escravos não poderiam ser entendidas em sua totalidade.

Ciro Cardoso também faz fortes críticas àquilo que ele definia como "preocupação obsessiva com a extração de excedente", ou seja, com os trabalhos que estabeleciam como ponto central o caráter colonial da América, a forma como a colônia era explorada pela metrópole (Cardoso, 1980). Para ele, a ênfase deveria ser nas questões internas e, em particular, na exploração do trabalho escravo pelos senhores, mais do que a exploração da colônia pela metrópole, ainda que esta última não fosse negada.

Em 1979, Cardoso lançou um importante livro, *Agricultura, escravidão e capitalismo*, no qual discorria, entre outras coisas, sobre a "brecha camponesa", um conceito inovador, que discutia em profundidade os limites da ação dos escravos. A brecha camponesa, como veremos melhor a seguir, faz referência à liberdade que os escravos teriam de cultivar um lote de terra como se fosse deles, quase sempre para produzir alimentos para sua subsistência, mas eventualmente para vender para terceiros ou para o próprio senhor. A expressão *brecha camponesa* se explica por essa condição se tratar de uma brecha, uma fissura – o escravo agindo como um camponês dentro de um mundo onde só se esperava seu trabalho escravo. Essa ideias foram mais bem desenvolvidas ao longo dos anos 1980 e publicadas, em 1987, em *Escravo ou camponês*, do mesmo autor (Cardoso, 1979, 1987).

Por seu turno, Kátia de Queiros Mattoso fez um trabalho de grande qualidade ao escrever *Ser escravo no Brasil*, obra que conseguiu uma síntese entre o caso baiano e a variedade de possibilidades apresentadas em outros contextos escravistas. Além disso, apresentava algumas novidades importantes sobre o estudo das alforrias, um tema que era então pouco conhecido (e talvez ainda seja). Mattoso

(1990) centrava na figura do liberto o papel integrador entre o mundo dos brancos e o universo dos escravos, destacando sua função de intermediário desejoso de se aproximar do mundo da elite europeia, com certo perfil conciliador. Sem perder seu perfume freyreano, Mattoso influenciou de modo direto e indireto dezenas de outros futuros historiadores.

Como já comentamos, os anos 1980 foram especialmente frutíferos, pois testemunharam o nascimento de muitíssimas teses de doutorado sobre o tema da escravidão, a maioria delas feitas por jovens pesquisadores. Era o momento da "abertura" política e das primeiras amostras de democracia. Com o tempo, também foi mudando a visão sobre este tema. Entre a miríade de trabalhos feitos nesse período, convém dar destaque àqueles que foram particularmente importantes. *Sugar Plantations in the Formation of Brazilian Society*, de Stuart Schwartz (publicado no Brasil com o nome *Segredos internos: engenhos e escravos na sociedade colonial*, em 1988), publicado em inglês em 1985, foi um dos primeiros a mostrar um cenário complexo do mundo dos cativos, apresentando um estudo de longa duração e com especial atenção aos limites da ação dos escravos, tendo em conta sua vida social, por meio de compadrios, a "brecha camponesa", entre outras variáveis. Também a tese de John Monteiro, *Sao Paulo in the Seventeenth Century: Economy and Society* (publicada no Brasil em 1994 com o nome de *Negros da terra: índios e bandeirantes nas origens de São Paulo*) foi um importante marco na história da escravidão indígena, tendo como estudo de caso a Capitania de São Paulo. Ambos tinham outra característica em comum: eram americanos que estudavam o Brasil,

> Os anos 1980 foram especialmente frutíferos, pois testemunharam o nascimento de muitíssimas teses de doutorado sobre o tema da escravidão, a maioria delas feitas por jovens pesquisadores.

os chamados *brasilianistas*. Robert Slenes, sobre o qual falaremos a seguir, também pode ser incluído neste grupo.

Dentro do cenário nacional, destacam-se nomes como Silvia Lara, Hebe Mattos, João José Reis e Manolo Florentino. Silvia Lara lançou sua tese *Campos da violência* (defendida em 1986) em 1988. Foi uma obra inovadora em vários aspectos, em especial por buscar entender o controle dos escravos, os usos dos castigos, por exemplo, além de incorporar vários outros debates que, naquele momento, eram igualmente inovadores, como a família escrava, as amizades e as redes de cooperação (para a fuga, por exemplo) e o compadrio. Lara (1988) conseguiu ultrapassar o modelo freyreano sem cair na ideia de escravo "coisa", aliás, repudiando também esta última noção. O resultado foi uma obra que mostrava a capacidade de ação dos escravos sem deixar de falar da violência própria daquele mundo.

Outro importante expoente dos anos 1980 foi João José Reis. Seu primeiro livro, *Rebelião escrava no Brasil: a historia do levante dos malês (1835)*, falava da rebelião de escravos muçulmanos de 1835, que passou para a história como sendo dos "malês". Nessa obra, o autor examinou a fundo a composição do grupo revoltoso, suas práticas, seus costumes e o contexto histórico do acontecimento (Reis, 1985). Seu livro mais famoso, contudo, foi escrito com Eduardo Silva: *Negociação e conflito: resistência negra no Brasil escravista*, obra que se constitui em marco ao apontar a negociação como elemento central na vida dos escravos, mas sem que isso significasse aceitar o sistema; ao contrário, negociar era uma forma possível de resistência (Reis; Silva, 1989).

Em 1986, em Paris, foi defendida a tese *Le commerce des vivants: traite des esclaves et "Pax lusitana" dans l'Atlantique sud*, por Luiz Felipe de Alencastro (1986). Essa tese abordava o tráfico de escravos de um modo inovador, percebendo Angola e Brasil como dois lados da mesma moeda, demonstrando como as elites regionais dos dois continentes se interconectavam através do Atlântico, sem se esquecer do Rio da Prata. Além disso, Alencastro destacava o tráfico como elemento fundamental da economia e da sociedade daquele oceano e salientava a forma como as incursões em busca de mão de obra ocorriam, simultaneamente, em São Paulo e nos sertões de Angola. Esse trabalho só foi publicado em português em 2000, após ampla revisão por parte do autor. Sem dúvida, a obra original de Alencastro influenciou diversos pesquisadores ao seu tempo, entre eles Manolo Florentino e João Fragoso (Alencastro, 1986, 2000).

Manolo Florentino produziu, em 1987, em parceria com João Fragoso, o artigo *Marcelino, filho de Inocência Crioula, neto de Joana Cabinda: um estudo sobre famílias escravas em Paraíba do Sul (1835-1872)*, sobre uma família escrava, assunto inovador naquele momento (Fragoso; Florentino, 1987). Em 1991, defendeu sua tese, que se tornou livro em 1993, intitulada *Em costas negras: uma história do tráfico de escravos entre a África e o Rio de Janeiro – séculos XVIII e XIX*, na qual se detinha sobre o tráfico de escravos e dava especial atenção aos traficantes, aqueles que compravam os escravos na África e os traziam para o Brasil. Até aquele momento, supunha-se que a maior parte desses "negociantes" era composta de portugueses e ingleses. A obra, contudo, mostrou uma dura realidade: entre os maiores traficantes do mundo estavam cariocas e baianos, com grande destaque, inclusive (Florentino; Góes, 1997). Também em 1987 foi publicado *Onda negra, medo branco*, de Celia Maria Marinho de Azevedo, que buscava compreender a institucionalização do mercado de trabalho livre no Brasil imediatamente depois da abolição, tendo como cenário o medo gerado no final do cativeiro, em meio ao processo de imigração europeia e de criação de estereótipos relacionados aos ex-escravos e aos recém-chegados do velho continente (Azevedo, 1987).

Com a tese defendida em 1989, Sidney Chalhoub publicou, em 1990, o clássico *Visões da liberdade*, no qual observava as relações entre senhores e escravos nas ruas do Rio de Janeiro do século XIX. Dentre as novidades da obra, estava descrita a forma como os escravos puderam, em meados dos oitocentos, pedir para trocar de senhor, entre outras possibilidades abertas pelo cada vez maior uso da justiça pelos cativos. A negociação dos escravos com seus senhores e com outros livres eram também a tônica dessa obra. Muitos anos depois, em 2012, o autor lançou outra obra sobre o tema da escravidão, intitulada *A força da escravidão*, na qual discutia as contradições entre as exigências do controle dos escravos e a completa falta de exigência no controle do desenfreado tráfico de escravos, logo após a proibição deste último (Chalhoub, 1990, 2012).

Hebe Mattos, com sua obra *Das cores do silêncio: os significados da liberdade no sudeste escravista*, preparada entre finais dos anos 1980 e inícios dos anos 1990, destacava também a agência escrava nos mais diversos cenários, mostrando sua capacidade de estabelecer estratégias para transitar entre o mundo do cativeiro e o dos libertos. Trabalhando principalmente com processos-crime, ela foi capaz de perceber a complexidade do mundo do escravismo, encontrando casos em que escravos exigiam certas contrapartidas de seus senhores e forçavam, com suas resistências, os limites do cativeiro. Algo importante na obra foi o estudo dos significados da cor (como a cor das pessoas era socialmente usada) nos mais diversos documentos, mostrando a permeabilidade entre a condição de cativo e a de alforriado (Mattos, 1998).

(1.5)
Contribuições mais recentes

De modo geral, a historiografia da escravidão na atualidade é, em muitos sentidos, herdeira dos anos 1980. Aqueles autores foram os responsáveis por orientar parte expressiva dos novos trabalhos, além de influenciar centenas de outros tantos. Uma marca do atual contexto de produção é a dispersão. Antes, a maior parte dos estudos estava situada na Região Sudeste do Brasil. Hoje, estão por toda parte. Dezenas de artigos, capítulos e livros são produzidas todos os anos sobre o tema da escravidão. Novos projetos sobre o assunto surgem todos os dias, com abordagens cada vez mais inovadoras.

A rigidez da análise, uma marca dos anos 1970, ficou para trás e os historiadores buscam, cada vez mais, não impor ou esperar padrões de comportamento aos escravos, não mais do que aqueles nos quais eles viviam. O que isso quer dizer? Quer dizer que a atual geração de historiadores não se surpreende com escravos tendo família, com escravos fugindo por dois dias para visitar alguém, com escravos circulando pelas ruas das cidades vendendo coisas, conversando, fazendo amizades, reclamando dos castigos do senhor. Queremos dizer, com isso, que se todos esses aspectos da vida social dos escravos foram descobertos e se tornaram conhecidos, não significa que o peso do cativeiro e os castigos tenham sido ignorados. Novos estudos têm mostrado as estratégias de fuga, as formas de organização de quilombos, entre outros elementos que podemos classificar como formas de resistência.

Entre os autores mais expressivos da produção em história da escravidão pós-1990 podemos incluir praticamente todos aqueles que iniciaram suas carreiras nos anos 1980: Silvia Lara, Sidney Chalhoub, Manolo Florentino, Hebe Mattos e João José Reis, por exemplo, seguiram produzindo novos trabalhos e com novas abordagens. Silvia Lara publicou, em 2007, *Fragmentos setecentistas: escravidão, cultura e poder na América portuguesa*. Sidney Chalhoub, como já vimos, também lançou, em 2012, *A força da escravidão: ilegalidade e costume no Brasil oitocentista*. Florentino seguiu suas pesquisas, dando cada vez maior ênfase para as alforrias e para a família escrava. Lançou, em 1997, junto com José Roberto Góes, uma importante obra intitulada *A paz das senzalas*, na qual discutia o significado da família escrava. Florentino também organizou e publicou, em 2005, *Tráfico, cativeiro e liberdade*, uma coletânea com vários autores. Nesse mesmo ano, Hebe Mattos lançou *Memórias do cativeiro: família, trabalho e cidadania no pós-abolição*, juntamente com Ana Lugão Rios (Lara, 2007; Chalhoub, 2012; Florentino; Góes, 1997; Florentino, 2005; Rios; Mattos, 2005). João José Reis ainda publicou, com Flávio dos Santos Gomes, *Liberdade por um fio*, em 1996 e, mais recentemente, em 2010, em coautoria com Flávio dos Santos Gomes e Marcus J. M. de Carvalho, *O alufá Rufino: tráfico, escravidão e liberdade no Atlântico Negro* (Reis; Gomes, 1996; Reis; Gomes; Carvalho, 2010).

Além destes autores, devemos destacar os trabalhos de Francisco Vidal Luna, Herbert Klein e Iraci del Nero Costa. Estes, a partir de abordagens essencialmente quantitativas, conseguiram apresentar um cenário bastante complexo. Evidenciaram, por exemplo, as estruturas de posse de escravos e seu significado social e econômico, considerando vastas regiões e sempre com uma perspectiva comparativa, não apenas de casos dentro do Brasil, mas também com os dados obtidos de outras partes das Américas, especialmente o Caribe e o sul dos Estados Unidos, áreas onde também havia forte presença escrava.

Novas pesquisas surgiram, como as de José Flavio Motta, Keila Grinberg, Rafael de Bivar Marquese, Flavio dos Santos Gomes e Beatriz Mamigonian. Essas novas contribuições não marcam uma ruptura com a geração anterior; na verdade, há um grande reforço de tudo aquilo que foi debatido nos anos 1980: família escrava, tráfico de escravos, formas da violência, negociação como instrumento de ação dos escravos, formas de controle do trabalho, mobilidade dos chamados "escravos de ganho", alforrias, estratégias de sobrevivência, entre outros tantos temas. Motta, seguindo os passos de Vidal Luna, Klein e outros importantes historiadores, dedicou-se a compreender o perfil das escravarias e seu significado econômico e social. Para esse autor, a família é fundamental para compreender a demografia escrava (Motta, 1999; Klein; Luna, 2010).

Rafael de Bivar Marquese, por seu turno, deteve-se sobre o pensamento escravista sobre o controle dos escravos. Usando de uma perspectiva de longa duração, ele utilizou dezenas de manuais agrícolas, tratados e outras obras que discutiam a escravidão em paralelo à criação de um mundo modernizado e competitivo. Flavio Gomes, autor com interesses diversificados dentro do universo da história da escravidão, deu especial atenção à resistência escrava, com diversas obras sobre fugitivos, quilombos e mocambos. Keila Grinberg focou seus estudos no uso do direito no processo abolicionista, em uma obra dedicada a André Pereira Rebouças. Também com certo foco no direito é a recente obra de Beatriz Mamigonian, *Africanos livres*, que estudou a lei de 1831 que abolia o tráfico e o debate sobre o destino dos africanos negociados após aquela legislação (Gomes, 2005; Marquese, 2004; Gomes, 2006; Grinberg, 2002; Mamigonian, 2017).

O crescimento dos Programas de Pós-graduação entre os anos 1980 e 2010 foi muito grande, e isso teve um reflexo direto nos estudos sobre a escravidão no Brasil. Desde então, muitos novos jovens pesquisadores vêm trabalhando com um cada vez maior repertório de temas. Uma marca da recente historiografia tem sido a abordagem micro, dando atenção especial para as histórias de vida de escravos e libertos. Por outro lado, um sem número de povoações, bairros, associações, clubes, irmandades e outras formações sociais coletivas foram estudadas com atenção, cada vez mais de forma comparativa, o que tem sido um enorme ganho para a pesquisa.

Um exemplo do crescimento desses estudos pode ser feito mencionando apenas um dos muitos eventos existente sobre o tema: o **Escravidão e Liberdade no Brasil Meridional**, que ocorre a cada dois anos, reunindo pesquisadores de todo o Brasil, ainda que o congresso só ocorra nos estados do Sul, de modo a incentivar os estudos sobre a escravidão nessa região que sempre foi pensada como distante do mundo da escravidão, o que é bastante enganoso, como mostram dezenas de trabalhos feitos nos últimos dez anos. Esse evento é um dos maiores do Brasil e tem crescido muito desde seu lançamento, em 2003. No começo, eram cerca de 50 trabalhos apresentados por edição, contra mais de 110 no último encontro, em 2017.

Os desafios mais recentes têm sido conectar diferentes historiografias, como disse Silvia Lara (2005). Isso significa que a escravidão deve, cada vez mais, ser pensada junto com outros temas contemporâneos. Recentemente, a historiografia brasileira vem enfatizando certas características próprias do mundo da aristocracia europeia nas ações políticas no Brasil colonial e imperial. Essas inovações devem ser pensadas sem ignorar a escravidão e considerando como os dois processos se complementavam em terras americanas. Por outro lado, podemos afirmar que a historiografia brasileira sobre economia, bancos e poupanças no século XIX é muito desenvolvida, mas ainda não se articula muito com os estudos sobre escravidão, de tal maneira que ainda sabemos pouco sobre como eram as economias e os pecúlios dos escravos e sobre como usavam os bancos para guardar seu dinheiro, pois, de fato, muito escravos usavam esse serviço durante o século XIX. Trabalhos recentes vêm trazendo luz sobre esse tema (Lara, 2005; Alvarenga, 2016).

Síntese

Neste capítulo, vimos como o tema do escravismo foi mudando e sendo abordado de modos diferentes, tal como cada geração o poderia indagar. Mostramos que tardou muito para que esse tema fosse considerado com a importância devida, pois somente nas décadas de 1930, 1940 e 1950 ele passou a ser estudado com rigor. O tempo passou e novas abordagens puderam levar esses debates para um nível muito alto, especialmente com a geração de 1980, a qual, sem tomar o escravo como "coisa", soube apontar a violência daquele mundo e as estratégias dos cativos para sobreviverem de modo menos pior.

Atividades de autoavaliação

1. Sobre a historiografia do século XIX no Brasil, é correto afirmar:
   a) Von Martius e Varnhagen insistiram em destacar a escravidão como elemento-chave para se entender a história do Brasil.
   b) O tema da escravidão era de aceitação universal, já que foi abordado pelos principais autores do período.
   c) Varnhagen, apesar de abolicionista, entendia a escravidão como natural e dedicou boa parte de sua obra para justificar o escravismo.
   d) O tema da escravidão foi abordado por poucos historiadores, e mesmo aqueles que falaram sobre o assunto foram breves em seus escritos, ignorando completamente o continente africano.
   e) Januário da Cunha Barbosa defendeu o cativeiro indígena ao mesmo tempo em que condenava o africano.

2. Gilberto Freyre, autor incontornável sobre o tema da escravidão, destacou o papel de portugueses e africanos na composição social do Brasil, enfatizando:
   a) o português como ator central da conquista, adaptado e amolecido pela convivência com os africanos.
   b) a rigidez dos portugueses – sua intransigência na conquista – e sua forma inflexível de modificar os costumes dos povos nativos e africanos.
   c) a maneira como lusitanos e africanos construíram o novo mundo sob influência direta dos povos indígenas.
   d) lusitanos, africanos e indígenas em condições de igualdade na conquista.
   e) a predominância dos indígenas no processo da conquista lusa.

3. A chamada *Escola Sociológica de São Paulo* foi uma importante referência de estudos sobre a escravidão entre os anos 1950 e 1980. Ela enfatizava que o comportamento dos escravos era:
   a) muito altivo, com grande resistência e muitas rebeliões.
   b) caracterizado pela forte participação dos cativos nas decisões tomadas nas fazendas.
   c) condicionado por questões psicológicas, especialmente pela saudade de sua terra.
   d) de total apatia, marcado pela chamada "anomia social", sendo o escravo tratado como uma "coisa".
   e) normal, sem qualquer diferença na comparação com os livres.

4. A historiografia brasileira sobre a escravidão deu um salto na década de 1980, enfatizando, entre outras coisas, a ideia de "negociação" como conceito essencial para compreender

as relações entre senhores e escravos. Dentre os temas que passaram a um lugar central nos debates historiográficos, destacam-se:
a) a família escrava, a "brecha camponesa" e as diversas formas de resistência.
b) a violência dos senhores e a apatia dos cativos.
c) a incapacidade dos escravos em criar vínculos sociais e suas consequências.
d) a semelhança entre os escravos vindos de diferentes lugares e sua cultura única.
e) a forma como a família gerava rivalidades entre indígenas e africanos e as consequências desse processo.

5. A historiografia mais recente sobre escravidão tem sido caracterizada:
a) por ser revisionista, ou seja, por querer mudar tudo o que se sabe o tempo todo.
b) por um forte apelo nacionalista.
c) por uma notável valorização do período Imperial.
d) por uma certa continuidade dos temas amadurecidos nos anos 1980.
e) por negar a violência no mundo da escravidão.

Atividades de aprendizagem

Questões para reflexão

1. Tome dois textos de alguma das obras citadas neste capítulo, um deles pertencente às antigas gerações de historiadores (entre 1830 e 1950), e compare-os com algum mais recente, posterior a 1980. Compare o estilo de escrita, a forma como os

africanos e os escravos são descritos e o peso que cada geração de historiadores deu ao continente africano. Se sabemos que a história muda porque mudam os historiadores, quais instrumentos de análise podemos pensar para avaliar essa mudança? Procure estabelecer alguns critérios próprios de comparação.

2. Faça uma busca na internet sobre a história da escravidão no Brasil e procure identificar, nos textos encontrados, a influência das diferentes "escolas" que vimos no capítulo. Será que podemos encontrar autores "freyreanos" com facilidade? Será que os autores das novas gerações são mais difundidos? Analise os dados que você encontrar e procure indicar uma resposta para essas indagações.

Atividade aplicada: prática

1. Conhecer de perto os autores indicados neste capítulo é fundamental, pois todos são já considerados "clássicos". Escolha um dos autores aqui citados e faça um fichamento de uma das obras indicadas, apontando o argumento central do autor, suas referências teóricas e as fontes utilizadas. Todo bom historiador deve trabalhar com esses três elementos e, ao mesmo tempo, saber identificá-los isso nos outros autores.

Capítulo 2
O continente africano
e o tráfico atlântico
de escravos

Neste capítulo, vamos conhecer um pouco sobre o continente africano, local de origem de milhões de seres humanos escravizados e remetidos para o continente americano entre os séculos XVI e XIX. Veremos que se trata de um continente muito grande, diverso e multicultural. E o que isso muda no entendimento sobre a escravidão do Brasil? Muda tudo, pois as diferentes culturas, línguas e sociedades que existiam na África vieram também nos porões dos navios negreiros e modificaram a própria forma da escravidão e a sociedade brasileira.

A forma como o senso comum avalia a África é envolvida em preconceitos e ignorância. Em primeiro lugar, é comum que se pense aquele continente como se fosse um único país, um país pobre. Na verdade, aquele continente é hoje formado por mais de 50 países, alguns muito ricos, outros nem tanto. A maioria deles, muito desigual.

Tal como no senso comum, os historiadores não conhecem bem o continente africano até pouco tempo atrás. Durante décadas, como vimos, os historiadores falaram da escravidão e dos escravos sem se perguntar sobre o mundo de onde vinham, suas sociedades, culturas e relações. Varnhagen dedica poucas linhas sobre o continente e o faz justamente para negar a importância de conhecê-lo. Freyre considera um pouco mais a importância da África, mas sem entrar em detalhes. De fato, a historiografia só começa a demonstrar um mínimo de interesse por aquelas sociedades a partir dos anos 1970. Gorender dedica algumas boas páginas para isso, enquanto Ciro Cardoso afirma a importância de conhecer o continente, mas sem se deter muito sobre isso. Apenas nos anos 1980 o assunto começa a ser tomado com a devida seriedade, processo no qual ainda estamos. As disciplinas de História da África já existiam há décadas – ainda que em poucas universidades – e só se tornaram expressivas no início dos anos 2000, por meio de leis que previam sua obrigatoriedade.

Vamos também conhecer a forma pela qual os escravizados foram trazidos para o continente americano, ou seja, o chamado *tráfico atlântico de escravos*, uma gigantesca engrenagem que arrancou da África mais de 12 milhões de pessoas ao longo de quatro séculos. Nosso objetivo é conhecer quem eram os maiores traficantes – aqueles que faziam girar a engrenagem – e avaliar o peso dos "negociantes" radicados no Rio de Janeiro, na Bahia e em Pernambuco naquele movimento.

(2.1)
Conhecendo o continente e sua diversidade

Neste subtítulo, vamos conhecer um pouco sobre o continente africano. Mas esse continente é tão vasto que não seria possível fazer uma descrição dele sem antes perguntar: Quando? Sim, pois ele teve diversas configurações ao longo do tempo: impérios se iniciaram e desapareceram; rotas comerciais, outrora ativas, tornaram-se menores com o tempo, enquanto outras novas surgiram.

A África é um continente de muitas histórias e, mesmo, o berço da humanidade. Hoje é composto por dezenas de países com as mais diversas características, religiões e milhares de idiomas. Milhares, sem exagero. Mas o que existe hoje não tem qualquer semelhança com as diversas formações que o continente teve ao longo da história. De qualquer forma, vale a pena conhecer algumas coisas sobre a atual geografia do continente, pois esta guarda alguma relação com a história deste e vai nos ajudar a entender suas mudanças ao longo do tempo.

Mapa 2.1 – Regiões do continente africano

- Norte da África (Magreb)
- Saara
- África Ocidental
- África Oriental
- África Central
- África Austral

Tiago Luís Gil

> A África pode ser dividida em seis grandes regiões, e essa divisão guarda grande relação com a história, pois é fruto das relações sociais ao longo do tempo, muito mais do que de qualquer tentativa de identificar espaços "naturais" dados pela paisagem, relevo ou hidrografia. As regiões são: o Norte – também conhecido como *Magreb*; a região do Saara – onde fica parte expressiva daquele deserto; a África Ocidental, a Central, a Oriental e a Austral. Há quem prefira pensar em África Índica para indicar a África Oriental e parte da Austral, mas isso nem sempre é tão usado. Todas as regiões são muito diversas entre si e mantêm grandes diferenças dentro delas mesmas.

Tiago Luís Gil

Comecemos com o norte, onde o peso do passado é bastante evidente. É uma região que quase se confunde, historicamente, com o mundo árabe. Não é sem motivo que até hoje dizemos *Magreb* para identificá-la, o que significa "ocidente" em árabe. Essa língua é até hoje ainda muito usada naqueles países, sendo a língua oficial em boa parte deles. Ali também a religião predominante é o islamismo. Isso ocorre porque essa foi a região imediatamente conquistada pelos árabes na expansão que começou após a morte de Maomé, em meados do século VII.

Desde esse momento até o século seguinte, os árabes avançaram e só pararam por volta do ano de 730, já na atual Europa, em território onde hoje fica a França, pois a Península Ibérica, onde estão Portugal e Espanha, já estava totalmente controlada. Séculos depois, e de modo gradual, os árabes foram expulsos da Península Ibérica, processo que se encerrou em 1492. Contudo, não foram expulsos do Magreb, onde continuam, ao menos em termos linguísticos, até hoje. E isso é visível até mesmo na forma como os portugueses chamavam os libertos do cativeiro, os *forros,* e a própria liberdade, *alforria,* palavras de origem árabe que permaneceram no continente africano e modificaram a própria experiência lusa com o cativeiro.

Mapa 2.2 – Expansão árabe pelo norte da África

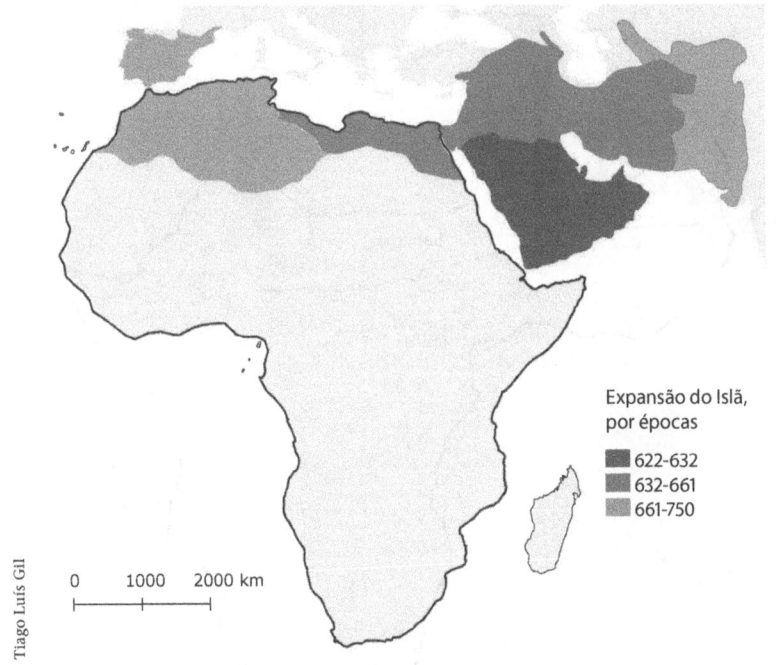

Expansão do Islã, por épocas

- 622-632
- 632-661
- 661-750

Fonte: Elaborado com base em Smart; Denny, 2007; Ki-Zerbo, 1972.

Outra grande região é o universo do Saara. Se é correto que se trata de um deserto muito hostil, também é verdade que isso nunca impediu o comércio nele. Era através do deserto que as rotas caravaneiras ligavam o Magreb à África Ocidental ou, ainda, a outra região da qual ainda não falamos: o Sahel. Trata-se de uma faixa que marca a "fronteira" entre a região de florestas e o deserto. É uma paisagem de estepes, mas com boa quantidade de chuva. Ali se formaram impérios importantes, como o Mali.

Mapa 2.3 – Sahel

Fonte: Elaborado com base em Godinho, 1971.

Foi na ligação entre o Mali e outros potentados da África ocidental que se estabeleceram as grandes rotas pelo deserto, que levavam ouro e escravos em troca de cavalos. Foi também por essas rotas que o islamismo entrou na África ocidental. As rotas eram fundamentais para o comércio e mostravam uma grande pujança da economia da África ocidental, especialmente no período entre os anos 1000 e 1500, mas que continuou até o século XIX.

Mapa 2.4 – Rotas caravaneiras e os principais produtos negociados com o norte da África

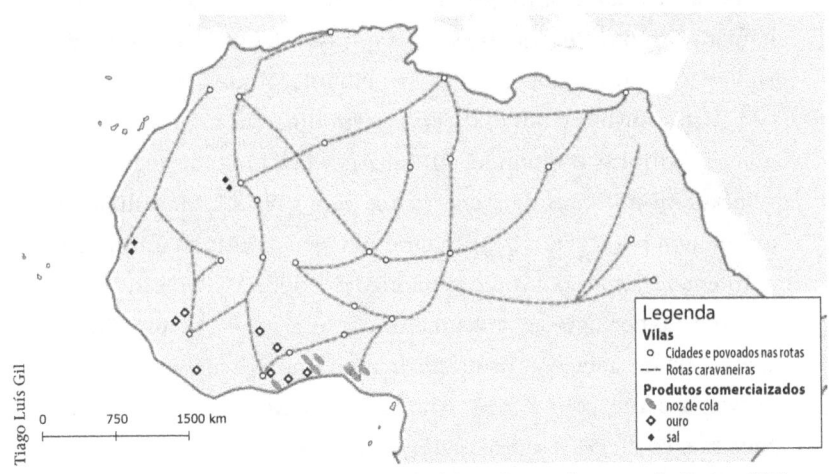

Legenda
Vilas
○ Cidades e povoados nas rotas
--- Rotas caravaneiras
Produtos comercializados
🍂 noz de cola
◇ ouro
✦ sal

Fonte: Elaborado com base em Godinho, 1971.

A África ocidental foi importante pelas diversas sociedades ali formadas. Para o caso específico da história do Brasil, ela tem especial interesse. Ali estava boa parte das feitorias onde milhões de escravizados tomavam o rumo das costas brasileiras, vindos de diversas regiões do interior. O ponto mais conhecido era São Jorge da Mina, local onde os portugueses estabeleceram sua primeira feitoria ainda no século XV, na busca de ouro e escravos. O nome *Mina* foi usado, ao longo de séculos, para se referir aos escravizados que eram embarcados naquelas costas, mesmo que viessem de regiões muito distantes, no interior. Também na África Ocidental está São Tomé e Príncipe, uma ilha estratégica que foi usada para o tráfico de escravos (Godinho, 1971).

A África Central é ainda mais importante para a história do Brasil. Dali veio a maior parte dos escravizados para os portos deste país, escravos que eram conhecidos como *angolas* e *congos* (ambos indicando grandes regiões ou ainda *benguelas* e *cabindas* (indicando os portos de onde saíam). Essa região também é, costumeiramente, chamada de *África "bantu"*, pois essa expressão designa o conjunto de línguas que apresentam estrutura semelhante, ainda que diferentes.

A África Austral é muito diversa e tem uma das maiores diversidades linguísticas do mundo. Ali também fica uma das regiões de onde saíram milhares de escravizados para o Brasil: Moçambique. Por fim, temos a região da África Oriental, que mantinha um comércio intenso com todo o Índico ao longo da Idade Média e da época moderna. Os portugueses, antes mesmo de se interessarem pelo Brasil, trataram de se estabelecer naquelas rotas mercantis, sem se preocupar, necessariamente, com a conquista territorial. Mais importante que tudo era o comércio daquela região, que garantia enormes lucros.

Entre os séculos XII e XVI, a África era uma verdadeira encruzilhada do comércio internacional. Isso se dava de muitas maneiras, e quase todas elas tinham relação direta com a conquista árabe de parte expressiva da África. No ano de 1076, os Almorávidas lograram a conquista do Império de Gana e já andavam perto de dominar o Sudão, ou *Biladal-sudam*, o país dos negros, toda a região sul do Magreb (Lewicki, 2010). Além disso, parte importante de toda a costa índica já estava dominada, se não por via militar e política, ao menos em termos culturais, pela influência religiosa islâmica. Isso se refletia não apenas na religião, mas também no comércio, de tal maneira que o Oceano Índico era um grande espaço de trocas dentro do mundo árabe distribuído por vários continentes. As relações comerciais internas ao continente eram igualmente expressivas (Niane, 2010).

Da mesma forma, a parte mais meridional do continente, ainda que sem muitas relações com a Ásia e com a Europa, era igualmente importante. Os portugueses, ao chegaram ao atual Moçambique, particularmente as regiões do Mwene Mutapa e do Zimbábue, descreveram grandes civilizações organizadas e hierarquizadas, ainda que, segundo alguns autores, esses povos estivessem passando por um processo de decadência, ou seja, já tinham vivido melhores momentos. Essa decadência teria sido oportuna aos portugueses, que conseguiram, nesse contexto, aumentar sua influência na região (Niane, 2010). No caso do Congo, na África Central, estava organizada uma formação política bastante complexa, chefiada pelo *manicongo*, senhor do Congo (Ki-Zerbo, 1972).

O leitor pode fazer sua própria incursão pelo universo plural da África utilizando a cartografia como ferramenta. Os mapas são bons companheiros em sala de aula e podem ser utilizados para muito além da ilustração. Uma bela coleção *on-line* de mapas históricos é a *David Rumsey Map Collection*, como milhares de mapas do mundo todo e mais de 700 peças somente para o continente africano.

Figura 2.1 – Imagem da página da David Rumsey Map Collection

Fonte: David Rumsey Map Collection, 2018a.

Os mapas, tal como ocorre com os textos, refletem o pensamento de seus autores e foram usados durante séculos para controlar povos e regiões. Seu uso educacional pode ser de grande interesse e provocar pensamentos instigantes entre os alunos.

(2.2) AS REGIÕES LIGADAS AO TRÁFICO ATLÂNTICO: ÁFRICA OCIDENTAL, CONGO-ANGOLA E MOÇAMBIQUE

Agora veremos um pouco sobre algumas regiões específicas do continente africano, aquelas mais voltadas para a captura de homens para fins de escravização. De modo geral, todo o continente foi "sangrado" de seus homens e suas mulheres ao longo de séculos. Se é verdade que a conquista islâmica representou uma mudança expressiva nas relações comerciais da África com outras partes do mundo, ela também trouxe mudanças drásticas nas relações internas do continente. O comércio estabelecido, inicialmente trocando sal, ouro e noz-de-cola africanos pelos cavalos árabes, acabou incorporando também outra mercadoria: seres humanos. Os árabes os compravam para duas coisas, basicamente: mulheres para a formação de haréns e eunucos para a administração destes. Os fluxos para esse tráfico seguiam as rotas das caravanas que cruzavam o deserto ligando o Magreb ao Sahel. Ao mesmo tempo em que cerca de 12 milhões de africanos foram levados à força para a América, outros tantos, entre 2 e 3 milhões, foram levados para o mundo árabe, no norte da África e na Península Arábica (Silva, 2011; Eltis; Richardson, 2015).

Se é certo dizer que praticamente todo o continente africano perdeu população para o tráfico de escravos, não é correto dizer que todas as regiões abasteceram a costa brasileira, nosso foco nesta obra. Tendo em conta o conjunto do continente africano, nem todas as regiões estavam conectadas ao tráfico atlântico de modo igual. No caso específico do Brasil, três regiões se destacavam: a Costa da Mina, a região do Congo e Angola e a costa do atual Moçambique. E mesmo essa ligação com o tráfico teve variações ao longo do tempo. Os portos de Angola foram, ao longo de todo o período de existência do tráfico, o local de origem da maior parte dos escravizados, com grande vantagem sobre os demais pontos de embarque. Esse cenário tende a ser constante ao longo de todo o período no qual escravizados foram levados para a América, ainda que a concorrência da África Ocidental seja constante e ultrapasse, muitas vezes, o abastecimento realizado por Angola. De qualquer modo, a África Central teve sempre um enorme destaque e, por essa razão, nosso maior foco deve se dar exatamente nessa região, que não se limita aos portos de embarque e apresenta grande complexidade.

> O comércio estabelecido, inicialmente trocando sal, ouro e noz-de-cola africanos pelos cavalos árabes, acabou incorporando também outra mercadoria: seres humanos.

Mapa 2.5 – Regiões de embarque de escravos e o volume de escravizados ao longo do período da escravidão nas Américas

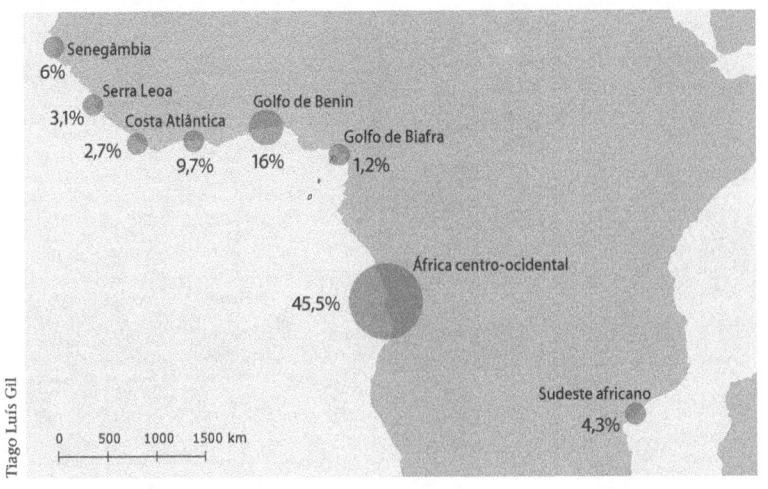

- Senegâmbia 6%
- Serra Leoa 3,1%
- Costa Atlântica 2,7%
- 9,7%
- Golfo de Benin 16%
- Golfo de Biafra 1,2%
- África centro-ocidental 45,5%
- Sudeste africano 4,3%

Fonte: Elaborado com base em Voyages, 2018a.

A região denominada *Congo-Angola* incluía uma grande área geográfica que, durante a época moderna, foi capitaneada a partir de **Mbanza Congo**, onde estava o **manicongo**. O chamado *Reino do Congo* era a principal unidade política entre os séculos XVI e XVII, em um espaço maior cravejado de pequenos reinos e conglomerados de chefias menores. Sua fundação não tem data precisa, mas ocorreu, provavelmente, um século ou dois antes da chegada dos portugueses, ainda que outros autores apontem que esse processo tenha iniciado quatro séculos antes (Ki-Zerbo, 1972).

A organização especial era basicamente a oposição entre a principal cidade e capital e o campo, onde havia uma grande diversidade produtiva. As demais localidades eram de menor importância e algumas tinham uma função estritamente militar ou de comércio, acolhendo grandes feiras temporárias.

Mapa 2.6 – O Reino do Congo no século XVI

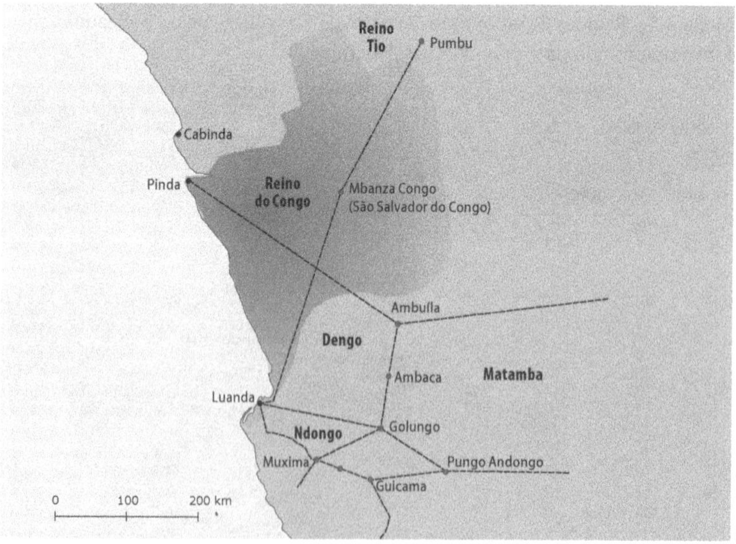

Fonte: Elaborado com base em Alencastro, 2000.

A estrutura social estava baseada em grupos bem definidos: a nobreza, os aldeãos e os cativos – estes últimos confundidos sempre como prisioneiros de guerra, circunstância na qual alguém poderia ser escravo. As diferenças sociais eram visíveis nas funções de cada grupo e no estilo de vida. A nobreza era toda aparentada do manicongo e vivia nas cidades, especialmente em Mbanza Congo. Os membros da nobreza eram escolhidos pelo manicongo como governantes nos territórios onde tinham influência, caracterizados por uma forte centralização. Tinha força militar ao redor de 15 mil a 20 mil escravos quando dos primeiros contatos com os portugueses, sob a liderança de Nzinga Mbemba, que depois passou a se chamar *Afonso I*, governando entre 1506 e 1543. Apesar do nome lusitano adotado pelo manicongo, a presença portuguesa na região não foi tão rapidamente aceita. Ela teve altos e baixos: os portugueses foram relativamente bem recebidos nos primeiros contatos para, nas décadas seguintes, ao longo de todo o século XVI e parte do XVII, estarem em estado de guerra constante (Vansina, 2010).

Além da tensão presente entre o manicongo e os portugueses, outro fator modificou o equilíbrio de forças na região: a chegada massiva de grupos do interior, os *jaga*, sobre os quais pouco se sabe. Estes últimos tomaram boa parte das terras do Congo e, apesar dos primeiros contatos com os portugueses terem sido belicosos, acabaram se aliando com estes últimos no começo do século XVII, especialmente os *jagakasanje*, o que garantiu força suficiente para os europeus invadirem boa parte do território do Congo. Contra a ocupação lusa, a Rainha Nzinga (ou *Ginga*, de acordo com a versão) apresentou resistência, mantendo guerra constante contra os portugueses ao longo de décadas. Contudo, esse estado de guerra constante criou condições para a captura de muitas pessoas, que foram escravizadas e enviadas para a América. O avanço português só se completou ao final do século XVII, quando o manicongo foi derrotado e os *jagaka-sanje* submetidos. Com essas circunstâncias, o comércio de escravos estava garantido e contava com especial apoio dos *kasanje*, mesmo que controlado, na sua ligação externa – incluindo a demanda pelos europeus (Vansina, 2010).

Outra região de extrema importância foi a chamada *Guiné Inferior*, formada por lugares como a Costa da Mina, do Marfim e Benin, marcada por uma grande variedade de formações políticas, com destaque para Akan e Akwamu, que apresentavam alguma força regional em um cenário bastante fragmentado, fruto de uma estrutura de poder baseada especialmente em arranjos familiares. Essa região reúne dois lugares fundamentais para o tráfico Atlântico: Benin e Costa da Mina. Na virada do XVI para o XVII, iniciou-se um processo de centralização um pouco maior, especialmente pelos Estados Aowin e Denkyira, que se destacaram entre os demais. Houve uma diversidade de Estados disputando espaço entre os séculos XVII e XVIII – processo complexo no qual Denkyira e Akwamu, primeiro, e depois Ashanti e Reino Fânti– para finalmente observarmos com destaque a supremacia Ashanti se consolidando ao longo do XVIII, especialmente a partir da segunda metade, formando o Grande Ashanti (Boahen, 2010).

De modo geral, a economia dessas regiões estava baseada, primeiramente, nos séculos XVI e boa parte do XVII, na exportação de ouro, o que permitia a aquisição de fuzis e pólvora, artefatos dos mais desejados pelos impérios em disputa. O tráfico de escravos surgiu nesse cenário, a partir do século XVII e, principalmente, no século XVIII, quando os seres humanos escravizados passaram a ser a principal mercadoria de troca (Boahen, 2010).

Por fim, não podemos nos esquecer da região de Moçambique. Os portugueses chegaram ao Império Mutapa em busca de mercadorias como ferro, sal, cobre, ouro e marfim, dos quais a região era abundante. O Império Mutapa se estabeleceu no século XVI e mantinha um território expressivo, além de tributar áreas vizinhas, sob controle indireto. Tal formação política foi bastante eficiente ao longo dos séculos XVI e XVII, manifestando seus primeiros problemas ao longo do XVIII.

Paulatinamente, os arranjos entre os europeus e os nativos foram desequilibrando as forças internas e desestruturando a política local. A principal forma de controle do império era baseada na cobrança de tributos, aos quais os portugueses, por séculos, também foram obrigados a pagar ao Monomotapa, o soberano do Império Mutapa. Esse pagamento permitia o acesso dos lusos aos mercados internos desse império. As rebeliões ocorridas ao longo do século XVII foram aproveitadas pelos portugueses para minar o poder local, estabelecendo a ocupação sistemática do território (Bhila, 2010).

(2.3)
Tráfico: os fluxos comerciais

De um total de 12 milhões de pessoas escravizadas na África e levadas para as Américas, para o Brasil vieram quase 4 milhões delas. Foi o país que mais recebeu e por mais tempo. A forma como o tráfico funcionava não é relevante apenas para sabermos como os escravizados chegavam aos portos da América. Ela tem um significado ainda mais importante: eram os ricos traficantes de escravos estabelecidos que financiavam a compra dos cativos e, muitas vezes, aqueles que formavam novas fazendas e acabavam, eles também, comprando escravos às centenas para suas novas lavouras de cana e café. O tráfico era extremamente lucrativo, muito mais do que qualquer outra atividade econômica.

Tal como a África e a escravidão, também o tráfico tem sua história. Ele não foi o mesmo para os séculos XVI e XVII e muito menos para os séculos XVIII e XIX. O gráfico a seguir nos mostra suas variações ao longo do tempo.

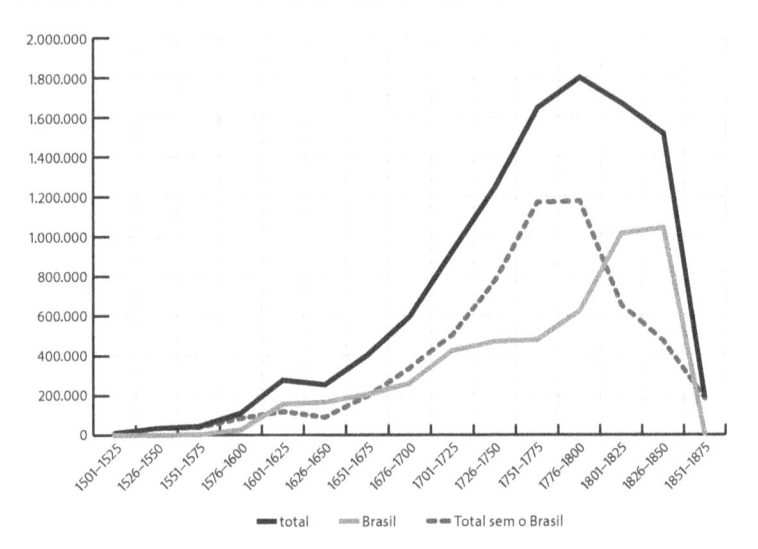

Gráfico 2.1 – Volume do tráfico de escravos entre 1500 e 1875

Fonte: Elaborado com base em Voyages, 2018a.

Percebemos que o tráfico de pessoas escravizadas ainda era discreto no século XVI, mas crescente. No século XVII, o número de escravizados aumentou como um todo e a porção com destino ao Brasil se tornou ainda mais expressiva. No século XVIII, o tráfico atingiu números exorbitantes, ultrapassando o total de 70 mil por ano (Voyages, 2018a). No século XIX, ele começou a recuar e praticamente desapareceu na segunda metade daquele século. Porém, no caso do Brasil, os anos de maior chegada de escravizados são justamente aqueles da primeira metade, quando está caindo o tráfico no mundo todo. Nesse sentido, quando o mundo estava começando a abandonar a escravidão, o Brasil teve seu melhor desempenho nesse assunto. Não sem motivo, o Brasil teve os maiores traficantes de escravos de todos os tempos e o porto de Salvador (Bahia) foi o maior porto escravista do mundo.

Além de o próprio negócio ser baseado na captura, na prisão e no envio de seres humanos para serem propriedades de outros seres humanos, o tráfico era bastante letal para os escravizados. Nunca menos de 7% (na média anual) dos escravizados morria durante a travessia. Logo no começo, esse número chegou a 30%.

Os dados a seguir apresentam esse cenário:

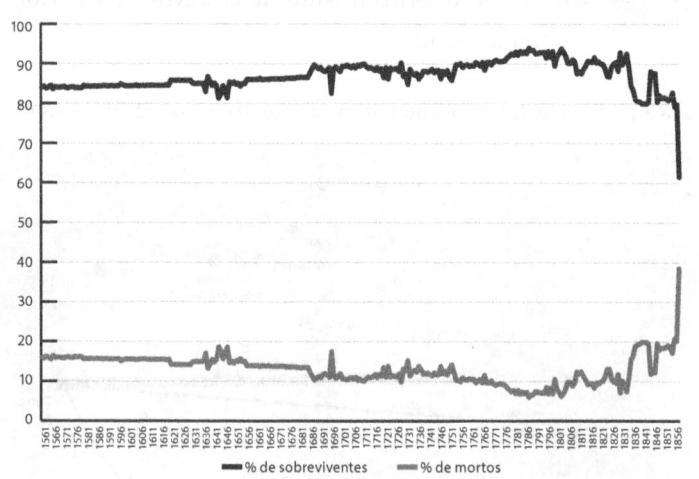

Gráfico 2.2 – Mortalidade de escravizados embarcados nos navios

Fonte: Elaborado com base em Voyages, 2018a.

Percebemos, assim, que a mortalidade foi diminuindo paulatinamente, fruto dos avanços náuticos, e, com isso, não podemos deixar de considerar o gradativo aumento no valor dos escravos, o que deve

Quando o mundo estava começando a abandonar a escravidão, o Brasil tem seu melhor desempenho nesse assunto. Não sem motivo, o Brasil teve os maiores traficantes de escravos de todos os tempos e o porto de Salvador (Bahia) foi o maior porto escravista do mundo.

ter influenciado na garantia de sua sobrevivência. No final do período, quando o fim do tráfico parecia iminente, a mortalidade aumentou, provavelmente porque escravizados eram exterminados para evitar a punição do contrabando ou pelo afundamento dos "tumbeiros".

Vejamos de perto como se dava, período por período, o movimento do tráfico de escravos. O ritmo do tráfico nem sempre foi o mesmo. Houve um aumento gradativo desse infame comércio com a conquista gradativa dos espaços africanos, o controle de portos e o aumento das redes de colaboração e fornecimento de escravos do interior do continente.

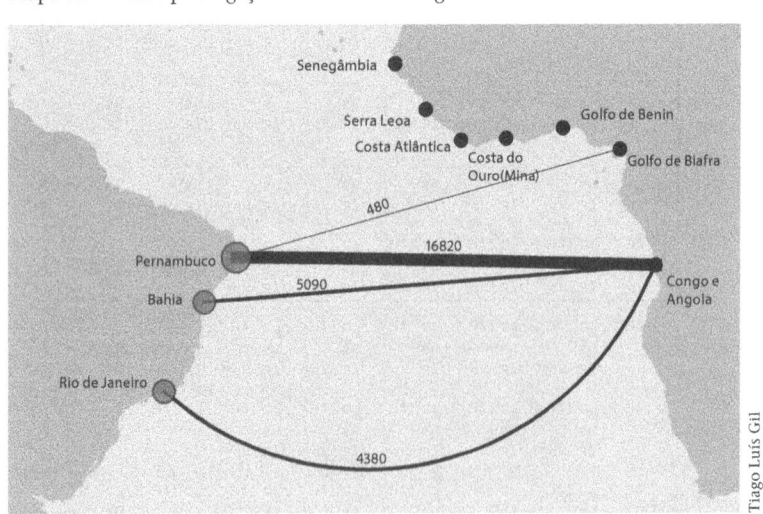

Mapa 2.7 – Principais ligações do tráfico na segunda metade do século XVI

Fonte: Elaborado com base em Voyages, 2018a.

O tráfico atlântico começou, com efeito, na segunda metade do século XVI. Nesse momento, o maior porto de desembarque no Atlântico era Cartagena de Índias, no Império Espanhol, atual Colômbia, com grande diferença das demais regiões mundiais. No caso do Brasil, como vimos no Mapa 2.7, o local que mais importava escravos era Pernambuco, com quase 17 mil escravizados – o que é pouco em comparação com Cartagena, que recebia cerca de 35 mil almas.

Mapa 2.8 – Principais ligações do tráfico na primeira metade do século XVII

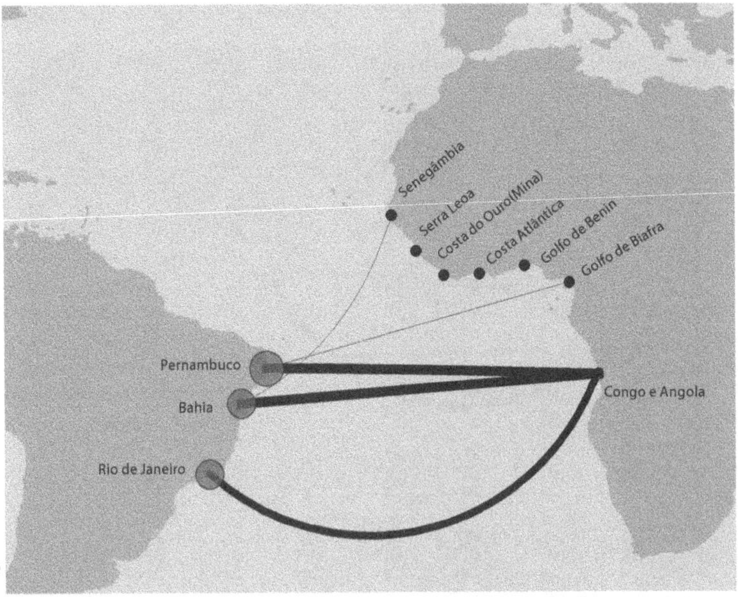

Fonte: Elaborado com base em Voyages, 2018a.

A etapa seguinte, no período entre 1600 e 1649, já é bem mais complexa. Passava da casa de 60 mil escravizados, no século XVI, para 800 mil, ao longo de todo o século XVII. A primeira metade desse século foi marcada pelo fato de a Bahia se tornar a maior consumidora de escravizados do Brasil, agora com maior peso, mesmo em comparação com Cartagena, que continuava sendo muito forte na importação de seres humanos, além de novos espaços, como Barbados e Curaçao. Trata-se, na escala Atlântica, do processo de estabelecimento e de consolidação da lavoura de cana, nos marcos da *plantation*, como veremos a seguir, no Capítulo 4. Rio de Janeiro e Pernambuco, que também eram grandes importadores nesse período, estavam também dentro desse processo (Fragoso, 2000).

Mapa 2.9 – Principais ligações do tráfico na segunda metade do século XVII

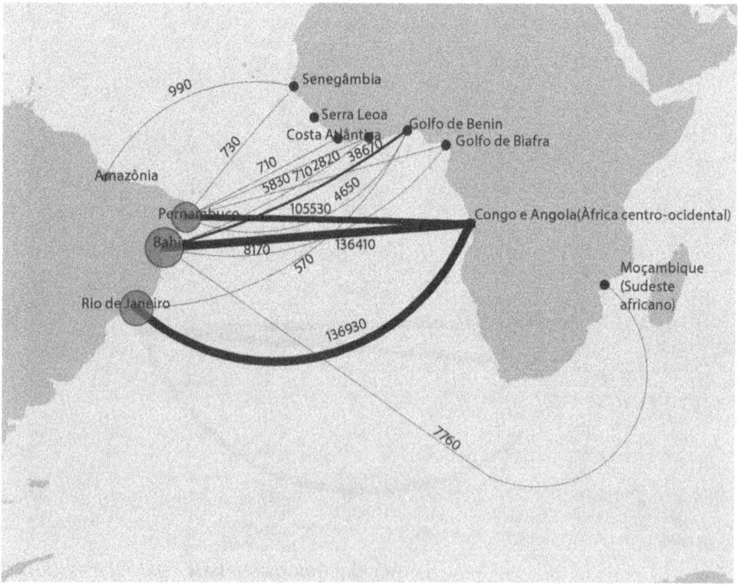

Fonte: Elaborado com base em Voyages, 2018a.

A segunda metade do século XVII manteve a tendência da primeira metade. O processo de formação da lavoura canavieira atlântica, organizada a partir de diferentes esforços metropolitanos, foi ganhando força. Contudo, não podemos pensar que esses projetos eram essencialmente "nacionais" ou de metrópoles fechadas no exclusivismo.

No caso de Cartagena, por exemplo, boa parte dos escravos desembarcados chegavam em navios portugueses. Isso se manteve com o tempo e passou a incluir embarcações inglesas e holandesas. No caso do Brasil, na segunda metade do XVII, a Bahia mantinha sua liderança, recebendo escravos de praticamente todos os portos africanos envolvidos no tráfico.

Mapa 2.10 – Principais ligações do tráfico na primeira metade do século XVIII

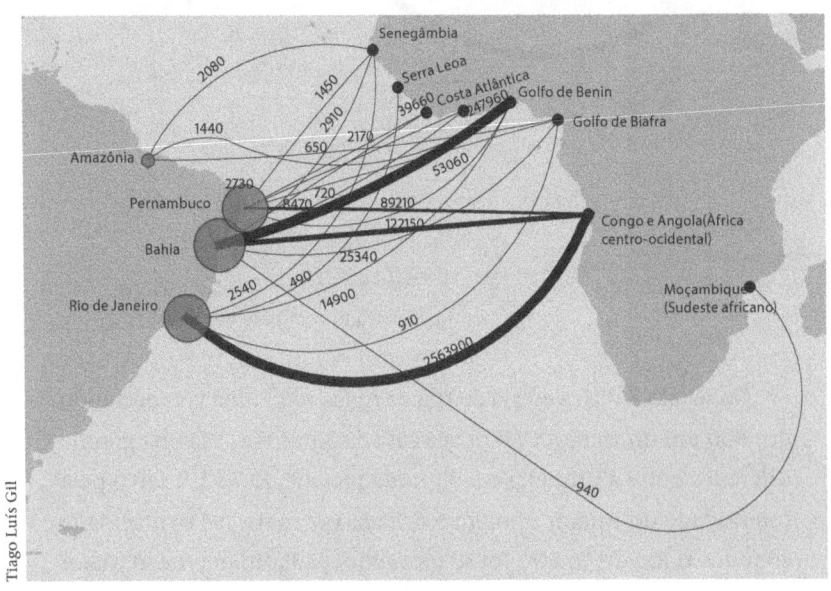

Fonte: Elaborado com base em Voyages, 2018a.

A partir do Mapa 2.9, vemos um novo porto de desembarque. Discretamente, aparece Belém, na Amazônia lusitana, que recebia suas primeiras remessas de escravizados.

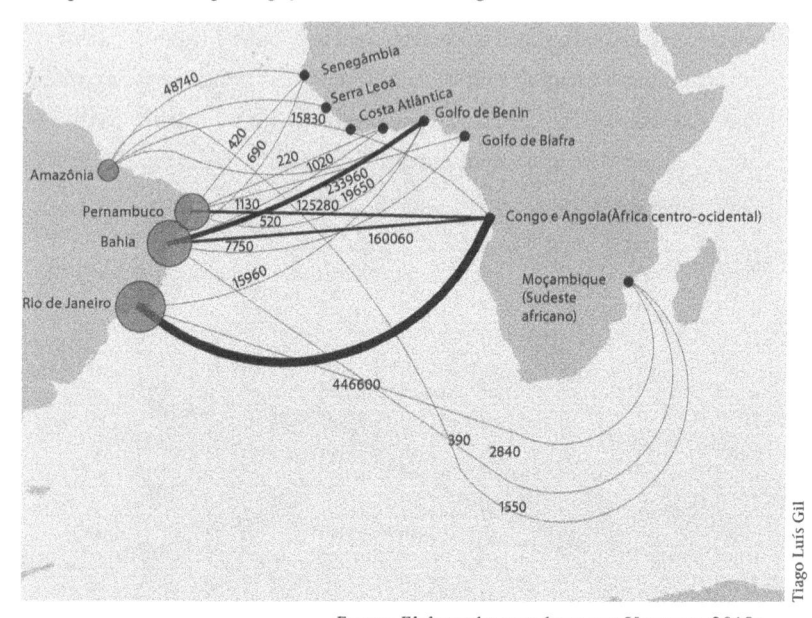

Mapa 2.11 – Principais ligações do tráfico na segunda metade do século XVIII

Fonte: Elaborado com base em Voyages, 2018a.

No século XVIII, a escala do tráfico muda mais uma vez, passando dos 800 mil no século XVII para a casa de 5 milhões. Não há grande diferença entre a primeira e a segunda metade do XVIII, salvo pela intensidade do infame comércio e, cada vez mais, pela voracidade com que o Rio de Janeiro foi se tornando, paulatinamente, o maior porto de desembarque de escravos do Brasil, algo que se consolidou no final do século.

No século XIX, o volume continuou crescente. O Brasil se tornou, quase isolado, o maior comprador de escravos da face da terra. O Rio de Janeiro se consolidou como o maior porto escravista do mundo, sendo seguido de perto por Salvador. Cuba era ainda a maior referência fora do Brasil e lá também os escravos eram empregados na lavoura de cana. No Brasil, o cenário mudou um tanto, com o braço cativo sendo cada vez mais empregado no café, sem desamparar a cana e os minérios.

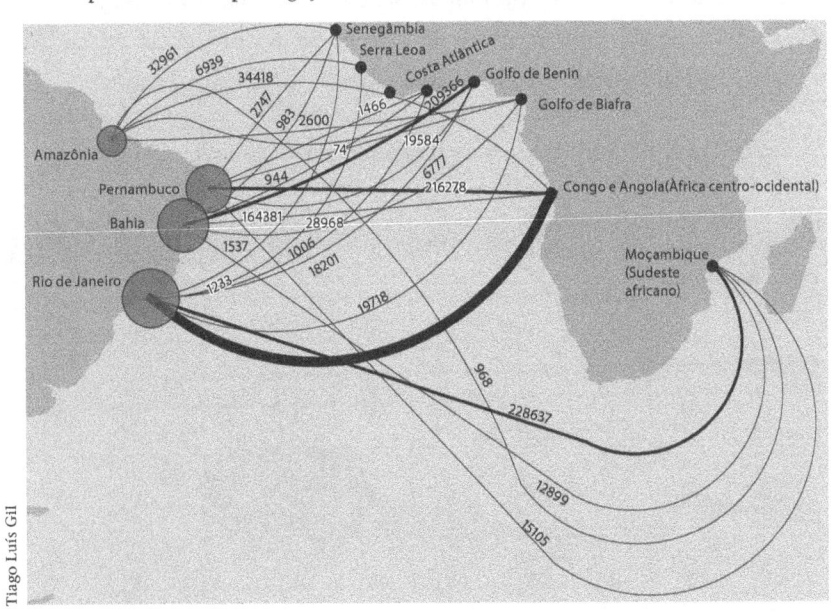

Mapa 2.12 – Principais ligações do tráfico no século XIX (1800-1866)

Fonte: Elaborado com base em Voyages, 2018a.

Como sabemos de tudo isso? É que o tema do tráfico de escravos é um dos mais estudados pelos pesquisadores da escravidão. Desde os anos 1960, diversos estudiosos se dedicaram a estimar o volume de almas levadas de um continente para o outro. Trabalhos como os de Curtin (1972) e Conrad (1986) foram pioneiros, levantando dados em diversos arquivos nas Américas e na África ao longo de décadas. Mais recentemente, um grande projeto, chamado *The Slave Trade Database*, mobilizou dezenas de pesquisadores em todos os países vinculados ao tráfico e conseguiu realizar um levantamento exaustivo do comércio de homens.

Você pode consultar diretamente o projeto *Slave Voyages* (Viagens escravas) e observar as transformações no tráfico atlântico ao longo da época moderna. Ali há mapas, sistemas para fazer buscas pela bandeira do navio, pelo porto de origem ou destino, entre outras tantas possibilidades (Voyages, 2018a).

Figura 2.12 – Página do projeto Slave Voyages, no qual é possível fazer buscas com muitas opções

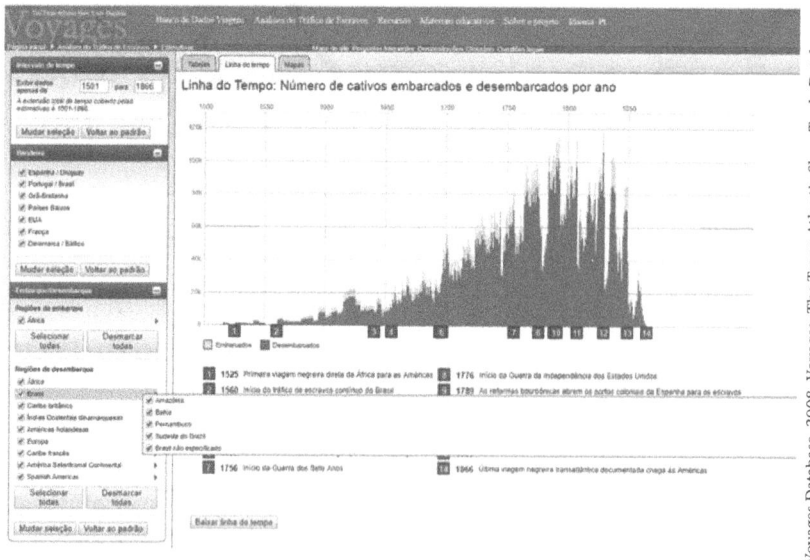

Qualquer pessoa, de qualquer lugar do mundo, pode adentrar nas milhares de fontes utilizadas para construir o banco de dados, que tem fácil utilização. O *site* foi traduzido para o português com o apoio da Fundação Casa de Rui Barbosa.

(2.4)
TRÁFICO: OS NEGOCIANTES

Neste tópico, vamos falar um pouco sobre aqueles que adquiriam os escravos na África para levá-los para as Américas: os traficantes. O sistema de abastecimento de escravizados no Atlântico variou muito ao longo do período em questão, entre os séculos XVI e XIX. Isso vale também para o perfil dos negociantes de almas: há momentos em que predominam os ingleses e, em outros, os franceses ou os espanhóis. De um modo geral, contudo, os traficantes portugueses sempre tiveram certo destaque nesse negócio e estiveram entre os mais bem relacionados com os "pumbeiros", aqueles que capturavam as pessoas no interior do continente com o objetivo de escravizá-las.

Esse sistema começava no interior do continente, com diferentes processos: a guerra era motivo de captura de prisioneiros, o que foi usado, sistematicamente, para atender à demanda de escravos do Norte da África, o Magreb, e da península arábica ao longo de séculos. Contudo, apesar dessa experiência anterior, nada se compara à escala que alcançou o tráfico atlântico de escravos. Esse comércio de almas, ao longo do tempo, foi apenas se modificando no sentido de produzir cada vez mais pessoas escravizadas.

O que isso quer dizer? Quer dizer que, comparado com o tráfico atlântico do século XVI, o comércio interno de cativos dentro da África e para a península arábica era bem pequeno. Mas também podemos dizer que o tráfico atlântico do século XVI era pequeno, quando comparado com o mesmo circuito um século mais tarde. Ele só cresceu, mudando de escala a cada cem anos.

Vejamos alguns números. No século XVI, os traficantes fizeram cruzar o atlântico mais de 2.500 escravizados por ano, em média. Esse número passou para 18 mil no século XVII, ou seja, a escala do negócio mudou completamente, sendo multiplicada mais de sete vezes. No século XVIII, a média passou para 65 mil por ano. Temos, novamente, outra mudança no tráfico, que mais do que triplicou de tamanho. Esse foi o formato final do comércio de almas, pois, no século XIX, o número médio anual de escravizados cruzando o Atlântico ficou em 58 mil, pouco abaixo do século anterior, mesmo com toda a campanha contra o tráfico e pelo fim da escravidão (Voyages, 2018a).

> O aumento crescente era fruto da demanda contínua que se criou ao longo do período pela implantação da *plantation* nas Américas, visando produzir gêneros de exportação – especialmente o açúcar, no começo –, mas sendo direcionado para outros produtos com o passar do tempo. Se é correto dizer que a demanda modificou a escala do tráfico, também podemos observar que os baixos custos dos escravizados em solo africano contribuíram para o crescimento da lavoura de exportação nas Américas.

Ou seja, lentamente, a oferta abundante e a demanda, que faziam crescer ainda mais a produção de escravizados, encontraram-se e, combinadas, fizeram crescer o número de cativos que cruzavam o atlântico, como uma bola de neve, que devagar vai se tornando uma avalanche. Vejamos de perto aqueles que trabalharam para que isso ocorresse – aqueles que dedicaram suas vidas para comprar pessoas escravizadas e levar para outro continente, comprando barato e vendendo caro, tal como funcionava o comércio atlântico de almas.

Como já dissemos antes, os portugueses sempre estiveram muito adiantados nesse assunto, desde o século XVI até o XIX. Eles estiveram no começo do trato e continuaram, ininterruptamente, até o último momento que puderam, na década de 1860. No século XVI, o maior porto de desembarque de escravos do mundo era Cartagena de Índias, no Caribe. Contudo, os traficantes espanhóis não estavam sozinhos no fornecimento de braços cativos àquela localidade. Os portugueses participaram ativamente do tráfico que levava escravos para a América Espanhola, em números semelhantes ao dos espanhóis. Isso ocorria, especialmente, pelo fato de que os dois países viviam a chamada *União Ibérica*, sob um mesmo rei. Navios portugueses eram, assim, aceitos nos domínios espanhóis, ainda que muitas vezes com nomes adaptados ao outro idioma – tanto do navio quanto do capitão e do proprietário. Esse momento, podemos dizer assim, era apenas o começo dos contatos que levaram aos números do século seguinte.

No século XVII, como já vimos, as proporções no tráfico mudaram completamente. Outros locais de produção de gêneros de exportação foram criados, especialmente no Caribe, que recebeu uma enorme parcela do total de escravizados. Os ingleses então participaram ativamente do tráfico e abasteceram uma de suas colônias mais pujantes: Barbados. Da mesma forma, os holandeses também se destacaram no comércio de almas, levando milhares de seres humanos para Curaçao, sua colônia caribenha, assim como Barbados. Nesse mesmo momento, os portugueses continuavam abastecendo o Império espanhol normalmente e começavam sua arrancada na formação da lavoura de cana na Bahia, para onde levavam grandes quantidades de escravizados. Somente o porto de Salvador recebeu mais de 350 mil escravizados ao longo do século, o que representava 20% do total que cruzou o oceano nesse período. Os portugueses, que também abasteciam outras regiões, conduziram aproximadamente a metade dos africanos (Voyages, 2018a).

Quando falamos *portugueses*, precisamos ter alguma atenção. Durante o século XVI, sabemos que são predominantemente comerciantes europeus, dos portos lusitanos. Contudo, lentamente, vão surgindo nos portos brasileiros negociantes com muitos recursos econômicos. Esses comerciantes começaram, aos poucos, a investir no tráfico de escravos. Um exemplo relevante é Salvador de Sá e Benevides, um português que atuava no Brasil, chegando a ser, inclusive, governador do Rio de Janeiro, onde tinha inúmeros negócios. Esse sujeito não apenas participava do tráfico como organizou uma expedição militar, em meados do século XVII, para recuperar Angola, que estava então tomada pelos holandeses. Sob o comando de Salvador, as forças luso-brasileiras recuperaram a mais importante possessão portuguesa na África. Não era sem motivo, pois sabemos que ele mesmo se interessava pelo tráfico (Alencastro, 2000).

Ao longo do mesmo século XVII, o número de negociantes de portos do Brasil que atuava no tráfico de escravos cresceu muito. Os traficantes da Bahia, de Pernambuco e do Rio de Janeiro iam aos portos africanos, especialmente Angola, em busca de cativos, os quais eram trocados pela cachaça brasileira, mercadoria cada vez mais apreciada em Angola, enquanto o vinho português era cada vez menos desejado. A capacidade de estabelecer redes de contato dos traficantes do Brasil permitiu uma virada no controle desse negócio e, já no início do século XVIII, eram os negociantes dos portos da Bahia, de Pernambuco e do Rio de Janeiro aqueles que mais mantinham negócios em Angola (Curto, 2002).

No século XVIII, as coisas novamente mudaram de escala, principalmente em termos de quem eram os maiores protagonistas no mercado de almas. Os ingleses assumiram a liderança do tráfico, seguidos de perto pelos lusitanos. Somente a Jamaica, colônia britânica, recebeu quase um milhão de escravizados. O caribe inglês, ao todo, recebeu 2 milhões. O caribe francês, por sua vez, viu desembarcarem mais de um milhão de africanos. O Brasil, abastecido pelos portugueses e, agora, também pelos traficantes de seus próprios portos, recebeu outros 2 milhões. No século XIX, esse processo se manteve, com os luso-brasileiros enviando mais de 3 milhões de escravos para o Brasil. Enquanto isso, Cuba foi igualmente um local de desembarque de muitos escravos, além da Jamaica, que continuou apesar do crescente abolicionismo na Inglaterra. Esse movimento crescia e os ingleses, cada vez mais, cobravam posições contra o tráfico no Brasil. Contudo, a maior parte da elite brasileira não aceitava de bom grado abolir o tráfico, mesmo depois de ter sido criada uma lei para isso, em 1831.

Em 1846, um médico inglês, Thomas Nelson, passando pelo Rio de Janeiro, percebeu isso com facilidade:

> Por parte dos brasileiros mais sinceros, é assumido que abolir o tráfico de escravos é o que nem o povo nem o governo têm o menor desejo de tentar. Quanto aos acordos por tratado [para o fim do tráfico], é uma questão de necessidade, uma espécie de deferência mostrada ao espírito da época, uma ficção diplomática, em suma, para se livrar do incômodo estrangeiro.
> (Nelson, 1846, p. 22)

O período entre 1770 e 1830 assistiu ao maior movimento de escravizados da história humana. Esse período de 60 anos representa um terço de todo o tráfico realizado na época moderna. Esse foi o momento em que os grandes negociantes do Rio de Janeiro se tornaram os maiores traficantes do planeta e fizeram o tráfico no Brasil aumentar como nunca antes. Algumas famílias se especializaram no comércio de almas, como os Gomes Barroso e os Carneiro Leão, que mantinham negócios em boa parte da África, mas também no Índico e no Pacífico. Grupos familiares como esses acabaram sendo os principais financiadores da Família Real, quando esta chegou ao

Brasil em 1808, oferecendo habitações e empréstimos de altíssimo valor (Florentino; Fragoso, 1996; Florentino, 1997).

(2.5)
A DEMOGRAFIA DO TRÁFICO

Sabemos que aproximadamente 12 milhões de pessoas escravizadas cruzaram o Atlântico para trabalhar no Novo Mundo e que aproximadamente 4 milhões desse total foram levados para o Brasil ao longo de quatro séculos. Sabemos também quem os levou, em que navios e por quais motivos. Também vimos de que portos saíam. Mas não vimos nada, até agora, sobre **quem** eram essas pessoas. Não é possível, certamente, conhecer todas as 4 milhões de almas que vieram para as costas brasileiras. Todavia, podemos ter alguma ideia do perfil daqueles que foram escravizados em suas terras e levados para trabalhar nas terras dos outros.

Comecemos primeiro pela pista mais evidente: os portos de origem. Eles fornecem uma ideia imprecisa do perfil dos nossos sujeitos históricos. Sabemos que muitos escravizados eram capturados muito longe dos portos para onde eram levados. Nesses portos, eles eram misturados com pessoas vindas de outras terras, também elas capturadas. Porém, ainda que de maneira imprecisa, saber os portos de origem nos dá alguma ideia sobre um pouco da cultura daquelas pessoas, pela falta completa de detalhes sobre o povoado de origem de cada um. Sabemos que nos portos de Angola embarcaram cerca de 70% dos escravizados que aportaram no Brasil. Outros 18% vieram do Golfo de Benim. Pouco mais de 5% chegaram dos portos de Moçambique, 2,4% do Golfo de Biafra, 2,2% da Senegâmbia, enquanto o restante veio em quantidades menores da Costa do Ouro, de Serra Leoa e da Costa Atlântica em geral (Voyages, 2018a).

Os dois grupos maiores, Angola/Congo e Golfo do Benin, eram muito diferentes entre si. Já tratamos anteriormente sobre isso. Em Angola, a língua falada era toda *bantu*, ou seja, havia um elemento de aproximação entre todos aqueles embarcados em Luanda e os demais portos da África central. Por outro lado, no Golfo de Benin era comum o iorubá, mas havia uma boa variedade de outras línguas e culturas embarcando juntas para as Américas. Mesmo quando pensamos em proximidades, a diferença linguística era a primeira existente entre os escravos nos mercados do Novo Mundo. Além disso, parte expressiva dos escravos embarcados no Golfo de Benin era composta de muçulmanos, enquanto os de Angola e do Congo tinham outras opções religiosas.

Observando a documentação do período, encontramos com frequência expressões usadas para classificar os escravos, que eram muitas vezes usadas por eles mesmos para criar identidades. É comum encontrar um Manuel *Mina* aqui, um João *Angola* ali, uma Rita *Mina* casada com um Antonio *Mina* lá adiante. Podemos encontrar outros tantos epítetos, como *casanje, moçambique, rebolo*, entre muitas outras, mas *mina* e *angola* ou *congo* eram as mais comuns. Podemos, assim, pensar nesses dois grupos como singulares. As condições de escravização acabavam misturando grupos muito diferentes, mas que, diante do outro, poderiam facilmente se identificar como semelhantes e apresentar mais motivos para se entender, cada um na sua origem, *angola* ou *mina*, usando as expressões mais usadas para classificar os escravos (Klein; Luna, 2010).

Sendo tantas as origens, não seria óbvio perguntarmos se elas foram igualmente distribuídas entre os portos de chegada no Brasil? Será que a Bahia e o Rio de Janeiro receberam tanto minas quanto angolas? A resposta é não. O Rio de Janeiro, por exemplo, recebeu um número muito maior de escravizados embarcados em Angola – aliás, a imensa maioria tinha aquela origem. A Bahia recebeu angolas e minas de modo mais equilibrado, pois durante o século XVIII o Golfo de Benin foi o principal fornecedor de escravos do porto de Salvador. Três quartos dos escravos desembarcados em Pernambuco vinham de Angola, sendo aqueles originários no Golfo de Benin o segundo maior grupo. Em Belém do Pará, quarto maior porto de chegada, ainda que em número bem menor, a maioria dos cativos vinha da Senegâmbia. Isso gerou condições para a criação de diferentes identidades no Brasil, inclusive rivalidades entre grupos com origens diversas (Voyages, 2018a).

Agora que já temos uma ideia, ainda que grosseira, sobre as origens dos escravizados, podemos observar outros temas relevantes, como o número de homens e mulheres embarcados. Estima-se que 65% dos escravizados no tráfico atlântico eram homens. Consequentemente, 35% eram mulheres. Essa diferença expressiva não se deve à ideia sobre as vantagens dos homens para o serviço da lavoura. Na verdade, homens e mulheres trabalhavam duro, lado a lado, nas *plantations* e em quase todas as tarefas existentes. A diferença entre o número de embarcados homens e mulheres ser tão grande se deve ao fato de que as mulheres tinham um preço muito mais alto nos mercados internos na África. As mulheres eram consideradas melhores para a o trabalho agrícola, além de serem importantes para a construção de laços de parentesco e trocas simbólicas, inclusive por prestígio social. Isso porque, em boa parte da África ocidental, as relações de parentesco eram matrilineares, ou seja, organizadas por mulheres. Além disso, já havia uma demanda por escravizadas desde a península arábica, com vistas à criação de haréns. Tudo isso dificultava a aquisição de mulheres para o tráfico atlântico. Isso sem falar no baixo preço obtido pelas escravas uma vez no Brasil (Alencastro, 2000; Florentino, 1997).

Existe um cálculo, feito pelos demógrafos, chamado de *razão de sexo*, que procura estimar o equilíbrio entre homens e mulheres, considerando que, por princípio, deveriam ser muito próximos. Se há alguma diferença muito grande entre o número de homens de mulheres na mesma geração, então há algum problema ali. Por exemplo, no início do século XIX, a população total de escravos de São Paulo e Minas Gerais tinha a razão de sexo em 154, aproximadamente. Isso quer dizer que havia 154 homens para cada 100 mulheres. Mas estávamos falando de uma população que contava com africanos recém-chegados e outros tantos cativos que já eram filhos e netos de escravos, que tendiam a ter um equilíbrio maior. Todavia, a quantidade de homens chegando via tráfico era tanta que, mesmo assim, a "razão de sexo" era bastante desproporcional.

Também o número de crianças transportadas via tráfico era baixo, se comparado com os demais números. Estima-se que 22% dos transportados eram crianças, de ambos os sexos. Avalia-se que esse cenário se deu por conta do custo de transporte dos meninos e das meninas, que seria semelhante ao dos adultos, em comparação com o potencial do preço de venda quando da chegada no porto, que seria baixo, se comparado com os adultos (Klein; Luna, 2010).

Esse conjunto de diferenças no perfil dos escravizados teve um forte efeito na sociedade brasileira como um todo. Durante o período de vigência da escravidão, o peso da chegada massiva de homens impactou todos os números que temos sobre os escravos. Eram homens jovens, por exemplo, aqueles que aparecem mais vezes fugindo do cativeiro, algo de fácil explicação, quando observamos o perfil dos desembarcados nos portos do litoral brasileiro ao longo de todo o período. Por outro lado, a diferença de origem – ou seja, os diferentes portos da costa africana – criou diversas rivalidades entre os escravos brasileiros, tanto na labuta diária pelas ruas quanto no interior das próprias senzalas. A diferença entre angolas e minas se incrementou com a diferença entre os chamados *crioulos* – filhos de escravos, nascidos e criados no Brasil – e os africanos, aqueles recém-chegados. Essas diferenças se manifestaram de modo muito claro até mesmo nas revoltas escravas, quase sempre carregadas de significado étnico, como a revolta dos malês, formada por escravos muçulmanos, ou a revolta dos escravos do engenho Santana, em 1798, dominada pelos crioulos e com certa antipatia pelos minas (Reis; Silva, 1989, p. 70; Klein; Vidal-Luna, 2010, p. 232). Por fim, ainda se tratando de revoltas, muitos senhores e traficantes prefeririam misturar escravizados de diferentes origens para evitar a interação entre eles, minando potenciais revoltas (Alencastro 2000).

Toda essa diversidade pode ser vista nas fontes. Porém, onde encontrar documentos que apresentem essa variedade de culturas? Os registros paroquiais, aqueles que descrevem os batismos, casamentos e óbitos, são fontes ricas para a história social dos escravos. O projeto *Family Search*, um banco de registros paroquiais disponível na internet, oferece milhares desses registros desde a época moderna até hoje.

O usuário pode buscar por cidades coloniais brasileiras (como Salvador, Rio de Janeiro, entre muitas outras) e localizar os livros mais antigos de batismo, por exemplo. Lá certamente serão encontradas referências aos escravos, suas origens e suas famílias, constituindo-se em material de grande valia para a sala de aula e para as pesquisas.

Síntese

Vimos neste capítulo que a África é um continente estranhamente desconhecido pelos brasileiros. Analisamos sua pluralidade e sua complexidade e percebemos que nem todas as partes da África sofreram igualmente com o tráfico de escravos. Se é correto que praticamente todos os cantos do continente africano sofreram perdas, regiões como a África Ocidental, Angola e Congo, além de Moçambique, foram especialmente devassadas em buscas de almas para o trabalho. Tratamos ainda dos interesses que atuavam sobre esse infame comércio e vimos quais países eram os maiores interessados – e, para nossa consternação, percebemos que o Brasil esteve entre as maiores potências do tráfico mundial, além de ser, obviamente, uma das maiores nações escravizadoras da história. Tudo isso deixou uma marca em nossa sociedade.

Atividades de autoavaliação

1. Um dos processos mais marcantes da História da África, a expansão árabe, entre 622 e 750, guarda marcas até hoje e foi fundamental para mudar o quadro da escravidão no Brasil, pois:

    a) a influência árabe penetrou na estrutura da escravidão brasileira, até mesmo nas palavras usadas para designar os libertos, *forros*, e a liberdade, *alforria*.

    b) a conquista do norte da África pelos árabes obrigou os portugueses a se lançar pelo Atlântico em busca de portos de comércio.

    c) o controle dos árabes na Península Ibérica criou condições para a escravização no continente africano.

    d) os povos do norte da África migraram para o sul, fugindo da expansão e incrementando o número de potenciais cativos dos europeus.

    e) o final da expansão árabe criou condições para o início do tráfico europeu de escravos na África.

2. As regiões da África com maior relação com o tráfico atlântico de escravos para o Brasil foram:
   a) Fez, no Marrocos.
   b) Alexandria, no Egito.
   c) Todo o oeste do Magreb.
   d) África ocidental, Angola e Moçambique.
   e) As ilhas atlânticas.

3. Sobre o tráfico de escravos, é correto afirmar:
   a) O infame comércio de almas durou quase 200 anos, sempre com apoio inglês.
   b) Durou até o século XIX, quando já estava muito fraco, sempre por meio de negociantes holandeses.
   c) O maior volume de desembarque de escravizados se deu no século XIX.
   d) Era pouco lucrativo e o traficante só tinha ganhos se fizesse muitas viagens.
   e) Os ingleses foram os maiores abastecedores do Brasil.

4. Sobre os países que atuavam no tráfico, podemos dizer que:
   a) Holanda e França lideravam o comércio de escravos.
   b) França e Espanha foram os países que mais desembarcaram escravizados no século XVIII.
   c) Portugal liderou o tráfico e os traficantes do Brasil tiveram destaque nesse negócio.
   d) A Alemanha abasteceu Cuba e Santo Domingo por mais de cem anos.
   e) A Inglaterra, Rainha dos Mares, fora a principal abastecedora das colônias portuguesas.

5. O tráfico de escravos tinha um perfil específico de escravizados, tendo em conta a oferta disponível na África e a demanda no Brasil. Sobre a demografia do tráfico, podemos afirmar:
   a) As mulheres eram as escravizadas mais trazidas para as Américas.
   b) Homens e mulheres vinham em igual número.
   c) Homens eram a maioria, mas somente por conta dos escravos egípcios.
   d) Os traficantes preferiam crianças, por ocupar menos espaço nos navios.
   e) Os homens eram a maioria, e isso provocava um forte desequilíbrio demográfico nas senzalas.

Atividades de aprendizagem

Questões para reflexão

1. Imprima um mapa atual da África e peça para amigos e familiares indicarem de que regiões saíram a maior parte dos escravos que vieram para o Brasil. Depois, com base nas respostas, discuta com seus colegas sobre o quanto a população brasileira sabe sobre o continente africano e sobre a história do tráfico. Procure avaliar, em grupo, se o conhecimento geral da população brasileira sobre o tema é satisfatório.

2. Escolha uma das principais regiões de origem dos escravizados e escreva algumas linhas sobre sua história, baseado no que foi apresentado neste capítulo e nas obras indicadas. Procure pensar qual contexto social permitiria a venda de seres humanos como mercadorias. Escreva um pequeno ensaio e o apresente aos seus colegas de grupo.

Atividade aplicada: prática

1. O *site* do projeto *Voyages – The Trans-Atlantic Slave Trade Database* (2018a) apresenta interface em língua portuguesa e permite que qualquer pessoa faça buscas de todo o tipo com os dados ali dispostos. Sabendo disso, procure obter informações sobre alguns navios que saíram da África com escravos e chegaram ao Brasil ao longo de sua história. Procure saber de onde o navio era, se o nome do capitão está disponível e a quem pertencia a embarcação, assim como as datas de partida e de chegada e os portos onde atracou.

Capítulo 3
Sociedade patriarcal:
família senhorial, família
escrava, resistências e
universo escravista

O universo escravista penetrava na sociedade. Não eram apenas relações de trabalho. É certo que era para o trabalho que os escravos eram trazidos, mas o efeito de possuir escravos era muito maior. Ter escravos era uma medida social, uma régua para medir a importância das pessoas. A elite era composta, toda ela, por senhores de escravos. Quantos mais, melhor. Ao menos um era necessário para se distinguir dos outros. Não ter escravos era sinal claro de pobreza. Ser escravo era o ponto mais baixo da sociedade.

Neste capítulo, vamos discutir um pouco sobre o que significava ser um senhor de escravos e o que seria ser um "grande" senhor. Veremos que ele não governava somente seus escravizados, mas também era o centro da família patriarcal. Esta não era o único tipo de família possível, e mesmo os escravos, em um contexto tão duro de vida, mantinham relações de parentesco muito fortes. Muitos autores percebem na existência da família escrava uma forma de resistência. Aproveitando esse debate, vamos ver algumas formas de resistência e rebelião que marcaram o mundo da escravidão.

(3.1)
A SOCIEDADE ESCRAVISTA: UM PANORAMA

Quando falamos que o Brasil entre os séculos XVI e XIX foi uma sociedade escravista, queremos mais do que simplesmente afirmar que eram os escravos que faziam a maior parte do trabalho. Significa que, na verdade, toda a sociedade era organizada a partir da existência da escravidão. Em termos muito simplificados, o mundo se dividia entre livres e cativos. E também as diferenças entre os livres eram, dadas pela existência do trabalho escravo. Havia uma enorme diferença entre os homens livres que possuíam cativos e aqueles que não possuíam. Os livres socialmente mais importantes eram sempre os senhores, ou seja, aqueles que possuíam escravos. Mesmo entre os senhores, a diferença se dava pelo número de escravos possuídos. Possuir apenas um não era a mesma coisa de possuir dez, e possuir dez não era a mesma coisa de possuir 200 escravos.

Quando falamos das diferenças entre possuir poucos ou muitos escravos, estamos falando de modo muito genérico. Isso variava muito de acordo com o lugar e com o período. Em Porto Alegre, no final do século XVIII, não era incomum um senhor ter mais de 50 escravos, tampouco o era em São Paulo no mesmo período. Contudo, em 1829, em terras paulistas, havia mais de 140 senhores com mais de cinco dezenas de cativos em suas senzalas. Na mesma época, em Minas Gerais, havia mais de 160 senhores com mais de 50 escravos. Essas grandes quantidades de escravos em São Paulo e em Minas de meados do século XIX dizem respeito ao mundo do café, que utilizava uma vasta mão de obra. Na Bahia da mesma época, por conta do açúcar, a média das escravarias andava na casa dos 66 escravos por propriedade, número muito mais alto que a média de São Paulo e de Minas, que era próxima de 30 cativos por unidade (Gomes, 2010; Klein; Luna, 2010).

Se um "grande senhor" de Curitiba, em 1782, por exemplo, com seus 30 escravos, fosse considerado pobre ou remediado no Vale do Paraíba em meados do século XIX, onde e quando havia gigantescas escravarias, isso não queria dizer muita coisa. Certamente, o tamanho das senzalas era muito diferente e as do Vale do Paraíba, particularmente, eram muito maiores. Contudo, a importância social proporcionada pelos escravos estava sempre na esfera local. Ser o maior senhor de uma região, por poucos escravos que tivesse e por mais pobre que esta fosse, era sempre uma distinção. Isso ocorria porque a medida social se dava pela comparação com os vizinhos. Não é à toa que o exemplo anterior, do grande senhor que vivia na vila de Curitiba em 1782, era o capitão-mor Lourenço Ribeiro de Andrade. Ele era o maior proprietário da parte urbana da Vila, ainda que fazendas mais distantes tivessem mais escravos. Lá, também, estas tinham algum capitão ou outra figura importante à sua frente.

Figura 3.1 – *Dama em liteira*, obra de Carlos Julião, mostra uma senhora sendo levada por escravos

Fonte: Julião, Carlos.[Dama em liteira, carregada por escravos, e suas acompanhantes]. Localização: Iconografia–icon30306_087.

E entre os escravos, havia diferença? Sim, e de várias maneiras. Se o escravo faz o senhor, o senhor faz o escravo; assim, muitas vezes, os escravos acabavam sendo associados com seu senhor, especialmente se ele fosse importante. Não era a mesma coisa ser escravo de alguém que tinha apenas um ou dois cativos ou de alguém que era um grande senhor, especialmente se isso se manifestasse, também, com um título como "capitão" ou "coronel". Contudo, isso está longe de significar que todos os escravos de um senhor respeitado fossem igualmente prestigiados, mesmo na comparação com outros escravos. Havia fortes diferenças entre os cativos. Algumas, como nós já vimos, diziam respeito às diferenças criadas pelo tráfico, especialmente aquelas relacionadas à origem, tanto de portos diversos quanto de etnias diversas.

Havia ainda outra grande diferença entre os escravos. Ainda que todos trabalhassem duro todos os dias, não era a mesma coisa ser escravo doméstico, ou seja, trabalhar na casa-grande, próximo do senhor, do que ser escravo "do eito", como se dizia, daqueles que trabalhavam na lavoura de cana, por exemplo. O desgaste do trabalho na colheita de cana era imenso e a mortalidade era muito alta. O risco de picadas de cobra era grande, o sol era sempre um inimigo e as chances de lesão pelo uso dos facões também era alta. Também não era a mesma coisa ser escravo de uma fazenda de café e ser o único escravo de uma família de camponeses; neste último caso, havia grande chance de ele dividir a casa com seus senhores, por exemplo.

Além disso, havia diferenças entre os cativos próprias das relações que se criavam entre eles. Havia lideranças dentro das senzalas, escravos mais respeitados que outros, mais admirados, mais venerados. Na Bahia do início do século XIX, por exemplo, certos líderes religiosos muçulmanos, ao serem escravizados, eram igualmente reputados pelos demais devotos. Esse foi o caso de Pacífico Licutan, um alufá nagô que havia até mesmo obtido, com o apoio da sua comunidade, dinheiro para comprar sua alforria, mas seu senhor não aceitou a venda. Ele liderou, tempos depois, a Revolta dos Malês, comandando outros muçulmanos (Reis; Silva, 1989, p. 67).

> Por fim, não podemos ignorar outro aspecto que fazia do escravismo um verdadeiro sistema que marcava a vida de todos, e não apenas a de senhores e escravos. Por conta de certas práticas de Antigo Regime, o escravismo brasileiro associou trabalho braçal com inferioridade social. Simplificando, quem precisava carregar peso era considerado inferior. Isso foi muito ressaltado pelos viajantes estrangeiros, que se assombraram com essa diferença, como veremos a seguir. As pessoas livres faziam de tudo para não serem vistas carregando coisas, por menores que fossem, como uma pequena maleta, por exemplo, pois isso era um signo de pobreza e vergonha. Trabalhar era constrangedor.

Contudo, com o passar do tempo, entre os séculos XVIII e XIX, já começamos a encontrar uma mudança de postura, lenta, gradual, de tal modo que uma parcela da população, especialmente a mais pobre, começou a manifestar certo orgulho pelo seu esforço, quando a maior parte da elite tinha desprezo por esses valores.

(3.2)
A FAMÍLIA PATRIARCAL

A ideia de sociedade patriarcal vem da obra de Gilberto Freyre. É claro que ele não foi o único autor a trabalhar com essa ideia, mas foi o primeiro a apresentá-la de modo claro. Significa que é a família patriarcal a unidade política da sociedade brasileira no período colonial e em boa parte do período imperial, ou seja, enquanto o Brasil manteve o trabalho escravo como predominante.

E o que é a **família patriarcal**? É a família controlada por um patriarca – quase sempre um homem –, que comanda a esposa, os filhos e as filhas em uma esfera, mas também seus escravos e escravas,

> A família patriarcal era a unidade política da sociedade brasileira no período colonial e em boa parte do período imperial, ou seja, enquanto o Brasil manteve o trabalho escravo como predominante.

com ainda maior força, e até mesmo seus vizinhos e parentes. Freyre também usou a expressão *familismo* para falar do mesmo fenômeno. Na suas palavras:

> *A família, não o indivíduo, nem tampouco o Estado nem nenhuma companhia de comércio, é desde o século XVI o grande fator colonizador do Brasil, a unidade produtiva, o capital que desbrava o solo, instala as fazendas, compra escravos, bois, ferramentas, a força social que se desdobra em política, constituindo-se na aristocracia colonial mais poderosa da América.* (Freyre, 1954, p. 117)

A família era a unidade política, mas também a unidade econômica, representada pelas fazendas, por exemplo. Além disso, para Freyre, até o catolicismo era familista, na medida em que era nas capelas da casa-grande que boa parte das atividades religiosas se dava. Em outro trecho, ele explica melhor sua concepção da família senhorial, representada na imagem da casa-grande:

> *A casa-grande venceu no Brasil a Igreja, nos impulsos que esta a princípio manifestou para ser a dona da terra. Vencido o jesuíta, o senhor de engenho ficou dominando quase sozinho. O verdadeiro dono do Brasil. Mais do que os vice-reis e os bispos. A força concentrou-se nas mãos dos senhores rurais, donos das terras. Donos dos homens. Donos das mulheres. Suas casas representavam esse imenso poderio feudal.* (Freyre, 1954, p. 119)

Para ele, família patriarcal e casa-grande se confundiam. Era o senhor dono do engenho que mandava nos escravos e extraía deles o trabalho. Mas ele também comandava sua família com a mesma força e, ao mesmo tempo, era a família a base do seu poder. Isso ocorria na medida em que todos os seus membros trabalhavam para garantir a imagem de poderosa família, não apenas por meio dos negócios, mas também com atitudes condizentes com sua posição: agindo de modo cristão, garantindo a reputação das mulheres, agregando pessoas importantes ao núcleo familiar, na forma de genros e cunhados, além de comandar com firmeza dezenas ou centenas de escravos. Estamos falando, é claro, da obra de Freyre (1954), que é profundamente baseada no nordeste açucareiro, especialmente em Pernambuco, terra natal do autor. Seria essa a forma predominante em **todo o Brasil**?

Podemos verificar o alcance da família patriarcal de Freyre fazendo duas avaliações. Em primeiro lugar, precisamos saber até que ponto o modelo apresentado pelo autor se repete em outros lugares ou, ao menos, é desejado. Mas precisamos, além disso, verificar se a casa-grande existiu na forma precisa como é descrita pelo antropólogo de Recife, ou seja, se não se trata, em boa medida, de uma idealização muito forte ou de uma generalização.

Nos anos 1970, vários historiadores passaram a questionar a abrangência do modelo freyreano para o conjunto do Brasil. Eni de Mesquita Samara (1986), por exemplo, tomou um enorme conjunto de fontes do período colonial para verificar se a família senhorial, tal como descrita por Freyre, ao menos em termos formais (tamanho, grande número de escravos, muitos agregados, entre outros critérios), se manifestava em São Paulo colonial. A pesquisa revelou algo surpreendente: apenas um quarto das famílias analisadas eram equivalentes ao modelo proposto por Freyre, enquanto os outros três quartos eram famílias diferentes, a maioria na forma de *famílias nucleares*, como são chamadas aquelas compostas por pais e filhos. O modelo de Freyre, por seu turno, estava mais próximo daquilo que chamamos de *família extensa*.

Os dados apresentados pela historiografia dos anos 1970 colocaram muitas dúvidas sobre a representatividade da casa-grande. Contudo, há um problema sério nessa interpretação. Freyre nunca disse que a família da casa-grande era a mais frequente, e seria quase contraditório, no seu ponto de vista, dizer que a forma familiar mais poderosa era, também, a mais comum. Se assim fosse, teríamos uma sociedade bastante igualitária, algo que não se percebe na obra do autor pernambucano. Para ele, o problema residia no fato de que certas casas, as casas-grandes, ainda que poucas, conseguiam comandar homens e mulheres, livres e escravos, de todas as outras casas nas proximidades.

Dizer que a sociedade escravista brasileira era patriarcal não significa que esse tipo de organização familiar fosse a mais comum ou a mais frequente. Quer dizer que ela era a mais poderosa, a mais desejada ou, melhor, que era esse tipo de família que organizava o mundo, que fazia com que todos entendessem quem mandava. A historiadora Silvia Brügger (2007, p. 49) definiu de modo bastante claro essa questão: "A ideia central, sem dúvida, parece residir no fato de as pessoas se pensarem mais como membros de determinada família do que como indivíduos". E quando os homens e as mulheres do tempo da escravidão pensavam em família, imaginavam uma filiação muito séria, uma militância de grupo, um vínculo social incontornável. É nesse sentido que a família senhorial aparecia como uma unidade política central.

> Um ponto que devemos questionar é o fato de a família senhorial ter um comportamento exemplar ou uma reputação inquestionável do ponto de vista dos demais integrantes da sociedade colonial, ou seja, até que ponto ela era realmente a instituição mais forte e se era tão avassaladora como Freyre a pintou. Será que a família era assim tão controlada pelo senhor como se imaginava? Seriam os senhores os mais ricos e poderosos? Seriam suas filhas tão puras como a sociedade esperava? Quando vamos para a documentação, encontramos um cenário bem mais complexo do que constava nas páginas de *Casa-grande e Senzala*.

O senhor da casa-grande esbarrava em muitos problemas para exercer seu mando. Em primeiro lugar, devemos ressaltar que havia muitos outros senhores, e consequentemente, a disputa de espaços entre eles, a forma como se mediam. Era claro que havia uma "régua" de importância social baseada no número de escravos que as pessoas possuíam, como já vimos anteriormente. Quanto mais escravos, mais poder. Mas isso também poderia ser medido na forma como certas famílias senhoriais conseguiam atrair os chamados *agregados*, pessoas que não eram escravas, mas que se ocupavam dos mesmos afazeres que aqueles. Eram livres e poderiam ir embora a qualquer momento, mas não eram iguais aos membros da casa-grande e, por isso, estavam socialmente muito próximos dos escravos. Atrair esses homens e essas mulheres era importante e demonstrava poder – e eles eram disputados pelos senhores (Machado, 2006). Nesse sentido, de fato os senhores eram os mais poderosos, mas cada um em sua região, com um limite em disputa com outros senhores.

Outra questão importante diz respeito ao controle familiar. A imagem de Freyre traz a família dominada pelo senhor, um homem que controlava os outros homens e as mulheres da família, além dos vizinhos. Nesse ponto, Freyre não estava de todo errado ao falar de um personagem que simbolizava a família, como se fosse seu líder. Contudo, havia uma ampla disputa por essa posição, e isso envolvia genros, filhos, cunhados e outros candidatos ao posto de chefe do grupo. Nessas disputas, o poder de algum deles poderia se enfraquecer ou comprometer toda a família. Além disso, há diversos registros de mulheres comandando famílias senhoriais. Em algumas regiões, isso era extremamente comum (Hameister; Gil, 2007; Faria, 1998).

Ainda sobre as mulheres, a imagem do homem forte diante das mulheres fracas, "virgens e pacatas" não resiste aos estudos mais recentes, que encontram diversas mulheres atuando de forma muito ativa nas mais diversas atividades. Além disso, a virtude da virgindade das filhas do senhor era muito mais uma aparência do que a realidade. Há inúmeros relatos de abandono de recém-nascidos realizados pelas filhas dos grandes senhores, quando ainda não casadas, que teriam, posteriormente, casado virgens com parceiros cuidadosamente escolhidos. Além disso, os novos estudos têm mostrado que as esposas dos senhores acabavam, muitas vezes, por exigir o divórcio (um tabu gigantesco na época) ou atribuir ao esposo o filho de outro, coisa que só confessaria no leito de morte (Faria, 1998).

De tudo isso, podemos chegar a algumas conclusões: a família senhorial da casa-grande era, de fato, poderosa e organizava a vida social em boa parte do território do atual Brasil. Contudo, seu poder não era assim tão avassalador e havia fortes disputas políticas pelo comando da família e, externamente, da família pelo controle da região. Além disso, o senhor ainda precisava manter uma boa relação com seus cativos, com o objetivo de evitar rebeliões que ameaçassem seu comando. Uma das formas de garantir essa estabilidade era permitindo – e até incentivando – uma outra família: aquela dos escravos.

(3.3)
A FAMÍLIA ESCRAVA

Dentro das senzalas, era comum que se formassem famílias. Durante muito tempo, os historiadores duvidaram dessa afirmação e, mesmo, tentaram negar essa ideia. Porém, se consultarmos os documentos, veremos: o "criolo Manoel e a Mulata Maria, uma filha pequena de nome Aguida, e as mulatinhas Luiza e Maria, e as criolas Rita e Quiteria de cinco e oito anos, e a criola Romana de seis anos" (Araújo, 2017, p. 1), todos escravos de Joana Vieira de Sandes, que viviam no semiárido alagoano da segunda metade do século XIX, mais especificamente na freguesia de Nossa Senhora da Conceição de Água Branca (Araújo, 2017). Domingos e Maria também formavam uma família na província de Santa Catarina, na segunda metade do século XIX, por onde também andavam Firmino e Idalina com seus filhos José, Lino e Basílio (Silva, 2005).

Foi somente na década de 1970 que a historiografia se voltou ao assunto. Até então, quando viam qualquer referência sobre filhos de escravos, não pensavam outra coisa que não fosse sinônimo de *promiscuidade*. Brutalizados pela violência da escravidão, os escravos seriam animais sexuais que procriavam, na visão dos pesquisadores dos anos 1960. Com o avançar das pesquisas, descobriu-se que, apesar da violência da escravidão, os escravos constituíam famílias. Os primeiros trabalhos que mencionaram a família escrava no Brasil foram os de Richard Graham, intitulado *A família escrava no Brasil colonial*, de 1979, e de Robert Slenes, na sua tese intitulada *The Demography and Economics of Brazilian Slavery*, de 1976. Muitos outros trabalhos foram produzidos ainda nos anos 1980. Em 1987, um artigo, de João Luís Ribeiro Fragoso e Manolo G. Florentino, foi dedicado ao assunto e publicado na revista *Estudos Econômicos*. Em 1989, uma versão manuscrita de Robert Slenes avançou pelo tema. Em 1997, foi a vez da obra *A paz das senzalas*, escrita por Manolo G. Florentino e José Roberto Góes, (Slenes, 1999; Graham, 1979; Florentino; Góes 1997; Fragoso; Florentino, 1987).

Hoje sabemos que uma enorme parte dos escravos – alguns autores falam mesmo na maioria – viveu debaixo da unidade familiar. Havia uma diversidade de formas comunitárias nas quais os escravos compartilhavam suas vidas para além do trabalho, construindo amizades, organizando festas, entre outras possibilidades. No centro de tudo isso estava a família, que estruturava as relações e criava, inclusive, instrumentos para efetivar as relações, por meio de casamentos, compadrios e, sem dúvida, pelos próprios vínculos chamados "de sangue", mediante as relações entre pais e filhos, avós, primos, tios e outras (Klein; Luna, 2010; Slenes, 1999).

Tudo isso acontecia apesar de um sério problema que dificultava a formação de família: a alta razão de sexo – no caso, o fato de chegarem ao Brasil muito mais homens do que mulheres, o que provocava um grande desequilíbrio. Isso se agravava com outro problema também fruto do tráfico: as diferentes origens étnicas e regionais dos escravos desembarcados. Uma vez no Brasil, no interior das senzalas, o fato de falarem línguas diferentes e de terem religiões e costumes muito diversos, algumas vezes antagônicos, acabava diminuindo as possibilidades de interação e contato necessárias para o entendimento e a formação do casal e da família (Klein; Luna, 2010).

Os problemas relacionados com o tráfico não eram os únicos. Outra grande dificuldade estava no tamanho das senzalas, ou melhor, na quantidade de escravos que um mesmo senhor possuía. Se eram poucos, a chance da interação acontecer diminuía, pois não haveria o equilíbrio necessário para as partes se unirem. Por exemplo, se a escravaria era composta de seis pessoas e apenas uma delas era mulher, somente uma família poderia surgir. Isso seria complicado se a única mulher fosse "mina", enquanto os homens fossem todos "angola" ou "crioulos". Vários estudos mostram que havia uma relativa preferência dos escravos de se unirem a pessoas que tinham a mesma origem, ainda que de regiões muito amplas, que compartilhassem, ao menos, costumes, língua e opções religiosas. Senzalas maiores ofereciam mais opções; cidades grandes ofereciam muito mais (Klein; Luna, 2010; Florentino; Góes, 1997).

Havia ainda um outro agravante: a necessidade de obter o aceite do senhor dos escravos. Se o senhor fosse o mesmo e se estivessem na mesma senzala, então seria um pouco mais fácil. Estudos recentes têm mostrado que a maioria das famílias se formou na mesma escravaria. Contudo, diante dos outros problemas, da origem e do desequilíbrio, muitas vezes os cativos encontravam parceiros considerados adequados nas senzalas de outros senhores. Mais à frente, veremos que os escravos fugiam, muitas vezes, para namorar, e voltavam alguns dias depois. O mesmo problema se dava quando os escravos pretendiam dividir a vida com pessoas livres, algo que não era tão comum, mas do que temos muitos registros. Nesse caso, o mais comum era a pessoa livre ir trabalhar com o senhor do cativo, pois raras eram as ocasiões em que o senhor permitia que os escravos morassem fora e viessem trabalhar em cada amanhecer (Klein; Luna, 2010).

E seriam esses casamentos de escravos todos realizados na Igreja? Muitos deles sim, mas não a maioria. Isso, contudo, não era uma exclusividade dos escravos. Um grande número de pessoas livres mantinha uniões não reconhecidas pela Igreja. Os custos de um casamento religioso eram muito altos, especialmente pela habilitação, processo em que se checava se os noivos já não eram casados com outras pessoas, para evitar a bigamia. Isso também afetava os escravos, ainda que possamos encontrar muitíssimos casos de casamentos na Igreja, especialmente quando o senhor queria manter uma postura mais conveniente junto à Igreja e garantir que seus cativos não vivessem "em pecado", como seria possível dizer. Se já não era fácil encontrar um parceiro, ainda mais difícil era dar ares oficiais ao relacionamento (Klein; Luna, 2010; Slenes, 1999).

Independentemente do reconhecimento religioso, estudos recentes têm mostrado que havia grande estabilidade nas famílias dos escravos, com relacionamentos duradouros que se alongavam por várias gerações, formando famílias extensas, com filhos e netos ao redor da senzala. E, o mais difícil, essas famílias conseguiam resistir a outro grave e provável problema: a separação provocada pela venda ou pela divisão da herança, quando o senhor falecia. Isso era algo absolutamente possível. Por qualquer motivo, o senhor poderia vender seus escravos, o que não significava vender todos: um pai poderia ser vendido, enquanto a mãe ficaria na propriedade. O mesmo valia para a divisão da herança: era possível entregar um membro de uma família escrava para cada herdeiro.

Tudo isso era possível, mas não era esse o cenário mais frequente. Em geral, os senhores procuravam ter algum cuidado quanto aos laços dos escravos e a maioria das famílias de cativos eram reconhecidas pela família senhorial (Klein; Luna, 2010).

Todas essas considerações partem dos estudos recentes realizados no Brasil. Ainda há muito para ser feito e a pesquisa esbarra em um problema concreto: a falta de fontes que nos falem especificamente sobre as comunidades de escravos e sua célula básica: a família. Um caso particular, o da Fazenda Resgate, em Bananal, é excepcional. Ali os documentos foram guardados com cuidado e é possível saber muitas coisas sobre as relações entre os escravos. Devido a essas fontes, por exemplo, sabemos quão densa era a malha do parentesco naquela fazenda. Cerca de 90% dos escravos eram aparentados uns dos outros, sendo que os outros 10% não tinham relações de parentesco. Ou seja, a maioria estava envolta de forma profunda nas malhas do parentesco, e estamos falando de mais de 400 cativos mencionados nas fontes (Klein; Luna, 2010).

Há outra forma de criar laços familiares da qual ainda não tratamos, mas que fala muito sobre o mundo dos escravos: o compadrio. O fato de ser compadre era um vínculo muito forte, e os cativos sabiam bem disso. Por isso é que podemos encontrar fartos registros de batismo de filhos de escravos dos quais outros escravos eram os padrinhos.

Mas isso, por si só, não é o mais relevante. O compadrio, tal como era feito no período da escravidão, tinha algumas regras sociais, não obrigatórias, mas convenientes, digamos assim. Era mais frequente que fossem convidadas pessoas de estatuto social mais elevado para padrinho e madrinha. Por exemplo, quando observamos os compadres dos escravos, vemos que a maioria era composta por homens e mulheres livres, muitas vezes, senhores de outros escravos, já que não era comum – e era pouco aceitável – que os senhores fossem compadres de seus escravos (Klein; Luna, 2010; Schwartz, 1999).

(3.4)
AS RESISTÊNCIAS E AS REBELIÕES COTIDIANAS DOS ESCRAVOS

Os escravos não nos deixaram muitos registros escritos sobre sua condição, e isso foi, durante muito tempo, um problema para os historiadores. Não se sabia bem o que eles pensavam e como interpretavam o mundo. Durante muito tempo, o único meio de acessar o pensamento dos escravos era pelo estudo da forma como eles agiam. A violência era uma marca constante da escravidão e o controle dos escravos era feito regularmente, tanto para garantir o aumento da produtividade quanto para evitar revoltas. Ainda que muitos trabalhos realizados por escravos não fossem tão duros e que, por si só, o trabalho pesado não defina a experiência da escravidão, a vida deles era extremamente penosa. Nem todas as atividades eram igualmente duras, mas todas eram pesadas. A própria ideia de trabalho manual era associada, sempre, aos escravos. Se carregar peso não era em si a definição do ser escravo, o fato de não carregar era uma perfeita definição do ser livre (Reis; Silva, 1989).

Diante disso, os escravos mantinham certas práticas de resistência que, algumas vezes, adquiriam o significado de rebelião e, outras vezes, eram feitas de forma quase imperceptível. Negociar as tarefas era uma forma de resistir – e os escravos negociavam isso o quanto podiam. Esse cenário foi observado por diversos pesquisadores em partes muito diferentes do Brasil. Os escravos usavam largamente os expedientes para minimizar seu desgaste, demonstrar insatisfação ou a completa negação do cativeiro. Ao falar disso, sabemos e devemos lembrar que a maior parte dos escravos nunca se revoltou de modo evidente, por meio de grandes fugas, quilombos ou revoltas violentas. A maioria dos escravos foi levando suas vidas dentro do cenário em que viviam, tentando ajeitar as coisas da melhor maneira possível. E, para que assim fosse, negociavam e resistiam o tempo todo (Reis; Silva, 1989; Azevedo, 1987).

> Os escravos mantinham certas práticas de resistência que, algumas vezes, adquiriam o significado de rebelião e, outras vezes, eram feitas de forma quase imperceptível. Negociar as tarefas era uma forma de resistir.

Em contextos ainda mais desfavoráveis que os do cotidiano, os escravos poderiam aumentar sua atenção e demonstrar seu descontentamento. Que momentos seriam esses? Eram situações em que algum feitor novo, querendo mostrar serviço, aumentasse a cobrança ou fosse mais severo em sua relação com os trabalhadores ou, ainda, em que um senhor desejasse, de uma hora para outra, aumentar a produtividade da lavoura. Sabemos que havia uma série de metas de trabalho para os escravos e que isso era negociado entre eles, trabalhadores, senhores e aqueles que fiscalizavam os trabalhos: os feitores. A pena para um senhor mais exigente ou um feitor mais impertinente poderia se dar de vários modos: assassinatos, ferimentos, suicídios, por exemplo, mas também por meio de formas variadas de sabotagem. Para um escravo de engenho de açúcar, bastava esmagar um limão sobre os tachos de preparação da garapa para estragar a produção ou, simplesmente, provocar uma pequena fagulha no canavial, que arderia por dias até comprometer toda a safra. Muitos senhores sabiam disso e recomendavam agir de modo "político" com os escravos (Reis; Silva, 1989; Azevedo, 1987).

Vários são os documentos históricos que revelam esses momentos: processos-crime, nos quais o desfecho da disputa se deu de modo violento, por exemplo, além de cartas entre senhores, manuais escritos por estes sobre como "administrar" os cativos, entre outras tantas fontes, todas elas muito ricas. Porém, de todas as fontes descobertas nas últimas décadas, nenhuma se compara ao *Tratado proposto a Manuel da Silva Ferreira pelos seus escravos durante o tempo em que se conservaram levantados* (citado por Reis; Silva, 1989, p. 123-124). O "tratado" foi escrito pelos próprios escravos, em 1789, para propor "paz" ao seu senhor, contra o qual estavam revoltados e de cuja fazenda haviam fugido, mas à qual pretendiam voltar, caso um acordo fosse feito. Composto de apenas duas páginas, ele revela com profundidade o pensamento dos cativos, que listaram quase 20 artigos que consideravam fundamentais, ou seja, eram quase duas dezenas de reivindicações dos escravos. Se esse documento não nos conta sobre todas as experiências dos cativos, pelo menos ele nos dá uma ideia geral sobre os limites da negociação (Reis; Silva, 1989).

Antes de mencionar quais eram essas demandas, convém sabermos algumas coisas: a fazenda tinha um novo proprietário, o mencionado Manuel da Silva Pereira, que havia colocado um novo feitor. Este último fora assassinado depois de fortes desentendimentos com os escravos, que aproveitaram para fugir. De longe, a salvo, eles discutiram e prepararam o "tratado". Importa também saber algumas coisas sobre nossos revoltosos: eram todos escravos, digamos, nascidos e criados naquela mesma fazenda, filhos de outros escravos.

Importa, também, saber algo mais de nossa fazenda: ela fora anteriormente propriedade da Companhia de Jesus, que tinha sua forma particular de administrar o trabalho escravo. E uma informação essencial: os padres da Companhia muitas vezes alfabetizavam seus cativos, o que explica o fato excepcional da carta ter sido escrita pelos próprios escravizados, em um mundo onde mesmo a elite mais seleta era analfabeta (Reis; Silva, 1989).

Rebelados, os cativos de Silva Pereira escreviam ao seu senhor nos seguintes termos: "Meu Senhor, nós queremos paz e não queremos guerra; se meu senhor também quiser nossa paz há de ser nessa conformidade". Aceitavam o fato de ter um senhor, mas queriam estabelecer os limites para esse comando. Muitos escravos, ao longo da história do Brasil, não aceitaram o cativeiro. Não fora esse, contudo, o caso destes do "tratado". Talvez o fato de terem nascido na fazenda, já na condição de cativos, os fizesse ter uma leitura diferente do mundo, diversa, por exemplo, daqueles capturados na África e escravizados (Reis; Silva, 1989, p. 123-124).

Queriam dois dias por semana para o trabalho que tinham nas suas próprias lavouras, além do domingo para descanso. As sextas-feiras e os sábados seriam usados para esse fim e, caso fosse dia santo, outro dia seria indicado para essa atividade própria. Para suas atividades próprias, também pediam canoas, redes e tarrafas e a permissão para plantar arroz por conta própria em qualquer lugar, além de poder cortar árvores de jacarandá – ou outras – por meio de permissão. Tudo isso, conforme a argumentação, era para que pudessem viver, ou seja, para obter alimentos para a sobrevivência. Mas não somente para isso, pois também queriam que o senhor mandasse fazer uma embarcação grande para que eles pudessem vender seus produtos em Salvador sem que fosse preciso pagar frete. De tudo isso, podemos ver que os escravos tinham uma produção própria que não era apenas para seu consumo imediato, mas que poderia ser vendida fora da fazenda, auferindo lucros para eles mesmos (Reis; Silva, 1989; Schwartz, 1999).

As principais reivindicações diziam respeito diretamente ao mundo do trabalho, o que fora expresso em diversos artigos. A plantação de mandioca, por exemplo, deveria ser regulada: uma tarefa de duas mãos e meia para os homens e duas mãos para as mulheres. Essas "tarefas" e "mãos" eram quantidades de mandioca para colher, ou seja, metas de trabalho diário. Não sabemos quantas eram exigidas por ocasião da revolta, mas os autores do "tratado" as consideravam demasiadas. O mesmo valia para as metas da produção de farinha, que deviam ser limitadas. Algo mais específico se dava com a "tarefa" de cana, que deveria ser de 5 e não 6 mãos, com o limite de 10 canas em cada feixe. A medida de lenha também seria controlada, "para cada medida um cortador" (Reis; Silva, 1989, p. 124), e ainda explicavam que era "como aqui se praticava" (Reis; Silva, 1989, p. 124), provavelmente falando das metas do tempo dos jesuítas (Reis; Silva, 1989; Schwartz, 1999).

Reclamavam também da obrigação de fazer camboas e mariscar, duas atividades que não pretendiam fazer. Para essas tarefas, recomendavam que o senhor mandasse seus "pretos minas", ou seja, os escravos africanos recém-chegados. Estes também seriam adequados para as pescarias que alimentariam a casa-grande. Aqui fica clara a diferença entre os escravos: aqueles nascidos e criados, os chamados "crioulos", e aqueles recém-chegados, representados no "tratado" como os "pretos mina", aqueles vindos da Costa da Mina, na África. O fato de serem escravos não fazia deles amigos. No caso em questão, pelo contrário, os crioulos preferiam que o senhor usasse o trabalho dos novatos, em vez do deles. Essa rivalidade também poderia ser visível nas diferenças entre "minas" e "angolas" nas ruas das grandes cidades no século XIX, por exemplo (Reis; Silva, 1989).

Além das questões de trabalho, também reivindicavam vestimenta adequada, enfatizando que os "marinheiros que andam na lancha além de camisa de baeta que se lhe dá, hão de ter gibão de baeta, e todo o vestuário necessário"(Reis; Silva, 1989, p. 123-124). Se tudo fosse feito conforme suas demandas, eles estariam dispostos a voltar ao trabalho: "estamos prontos para o servimos como dantes, porque não queremos seguir os maus costumes dos mais Engenhos", arrematando a carta com uma última demanda: "Poderemos brincar, folgar e cantar em todos os tempos que quisermos sem que nos empeça [sic] e nem seja preciso licença" (Reis; Silva, 1989, p. 123-124). Com tudo isso, podemos ver que os escravos, ainda que em situação desigual na relação com seus senhores, dispunham de meios para se fazer sentir mais fortes. Mais fortes, talvez, do que seus senhores gostariam.

(3.5)
AS FUGAS REIVINDICATÓRIAS E DE ROMPIMENTO COM A ESCRAVIDÃO

Vimos anteriormente que, de formas muito variadas, os escravos resistiam e negociavam no seu cotidiano, fazendo com que a escravidão – por pior que fosse – não se tornasse ainda pior. Vamos falar, agora, sobre a forma mais evidente de resistência: as **fugas**. Em termos relativos, foram poucos os escravos que tentaram ou conseguiram fugir. Além do sucesso da aventura de escapar do cativeiro, havia outras correntes que os prendiam. A sociedade formava um todo que controlava o escravo de modo discreto, eficaz e contínuo. Não havia muitos lugares para ir.

De acordo com Reis e Silva (1989, p. 66-67, grifo do original),

O grande obstáculo às fugas era a própria sociedade escravista, sua forma de ser e de estar, sua percepção da realidade, seus valores, o que chamaremos de **paradigma ideológico colonial**. *O fenômeno pode ser verificado, de forma implícita, quando examinamos a verdadeira multidão de escravos soltos, sem qualquer vigilância, pelas ruas das cidades [...] sob tal paradigma ideológico, a sociedade se identifica enquanto "gaiola", tornando supérfluo o uso de correntes ao pé de cada passarinho.*

Considerando o total de homens e mulheres em condição de escravizados que andaram pelo Brasil, foram poucos os escravos fugidos. Isso, contudo, não é argumento para menosprezar a prática da fuga. Ela não deve ser compreendida somente pela questão numérica, ou, talvez, sua escassez relativa sirva para mostrar o quão drástica era a decisão e a aventura de quem conseguiu escapar do cativeiro. As fugas, mesmo quando temporárias – como veremos a seguir –, traziam prejuízos aos senhores e era um desafio explícito à autoridade senhorial. E custava caro ao escravo, quando pego. Isso não diminuiu a vontade de muitos, já que temos vários relatos de cativos que armaram inúmeras escapadas ao longo de suas vidas.

A ideia de fuga não pode ser restrita apenas à busca pela liberdade, pelo fim do cativeiro. Podemos falar em, pelo menos, dois tipos delas: as fugas de reivindicação, mais curtas, e aquelas de rompimento, que visavam uma vida nova – e livre. Nada impedia que um escravo acomodado de um dia se tornasse um "fujão" (expressão da época) no outro, ou mesmo que liderasse uma fuga coletiva para a liberdade em outro momento. Todavia, de modo geral, os dois tipos de fuga são bastante diferentes. O caso do "Tratado", como vimos antes, é um claro exemplo de uma fuga reivindicatória, que não visava à liberdade, e sim a melhorias na vida diária, pelas asperezas do trabalho. As fugas de rompimento, contudo, não podem ser desconsideradas, especialmente na segunda metade do século XIX, quando se tornaram cada vez mais frequentes.

Comecemos com as fugas reivindicatórias. Elas não visavam, como já dissemos, à liberdade, mas deixavam sempre uma ferida no escravismo. Quase sempre eram individuais e, na maioria das vezes, de curta duração. Foi o caso de João, que sumiu entre 12 de março e 22 de abril de 1880, sem que até hoje saibamos os motivos (Reis; Silva, 1989). Estes poderiam ser os mais diversos: o escravo poderia sair por alguns dias para namorar; para evitar algum castigo mais duro; para voltar para a casa de antigos (e mais próximos) senhores; para protestar por conta da negativa de uma alforria; para ir atrás da família, da qual fora separado pela venda; para não ser usado na roça, sendo escravo doméstico; ou até para demonstrar insatisfação com acordos rompidos pelo senhor ou feitor.

Os motivos eram variados e talvez seja impossível enumerá-los – além do próprio desejo pela liberdade –, mas todos apontam para uma quebra de entendimento entre senhores e escravos. Reis e Silva (1989) nos contam, por exemplo, de Benedito, que fugiu em 1854 por conta de um amor. Contam também de Firmino, "perfeito criado e copeiro" que teria fugido de volta para o Sergipe, local em que havia sido comprado e onde, provavelmente, tinha suas relações. Outro caso foi o de Jovito, que atuava sempre como escravo doméstico até o dia em que foi vendido para trabalhar na roça. Não demorou para ele também tomar rumo diverso, talvez contrariado pelo tipo de serviço.

> Em muitíssimos casos, as fugas temporárias eram uma espécie de válvula de escape dos escravos contra castigos recentes. Os anúncios de jornal que tratavam dos escravos fugidos muito frequentemente enfatizavam cicatrizes, marcas e sinais como elementos para identificar os fugidos, sendo a fuga no momento da violência ou imediatamente depois, quase como uma busca por alívio imediato.

Ainda que fossem feitas mais frequentemente por escravos sozinhos ou pequenos grupos, os resultados delas poderiam ser aproveitados por todos os escravos, na medida em que mostravam até onde o senhor era capaz de ir e até o quanto poderia ceder. Além disso, uma vez ameaçado por outras fugas, o senhor acabava buscando formas alternativas de manter a paciência dos cativos, até mesmo agir de modo "político", como recomendava um senhor do século XIX ao seu filho. Desse modo, ao fugir, o escravo estava mapeando os limites disponíveis para si e seus companheiros de senzala. Era mais uma "cartada" dos cativos, um trunfo, uma ferramenta para sobreviver, além da ameaça constante de sabotar a produção ou do "corpo mole" que poderiam usar no cotidiano. Muitas dessas fugas eram até esperadas pelos senhores, quase vistas como normais, tanto que muitos esperavam alguns dias antes de iniciar a busca.

Nem todos aqueles que fugiam, evidentemente, voltavam. Essas eram as revoltas que classificamos como "de rompimento". Elas poderiam ser motivadas pelas mesmas razões daquelas que chamamos de *reivindicatórias*, mas visavam ao fim do cativeiro, uma vida nova. Ainda que pudesse ser individual, a fuga poderia facilmente assumir as vezes de revolta e mobilizar vários escravos. O destino daqueles homens e mulheres, como já foi dito, não era fácil. Como o risco de serem capturados era alto, muitas vezes atuavam em grupo justamente para obter maior segurança. A mesma busca pela segurança dava as condições para a criação de quilombos. Estes poderiam ter os tamanhos mais diversos, desde alguns poucos indivíduos até centenas ou mesmo milhares de pessoas.

Além do tamanho, a forma de o quilombo se relacionar com as vilas e as povoações coloniais também variou profundamente. Por volta de 1835, havia, perto de Manaus, a "Cidade Maravilha", que abrigava povos egressos da escravidão. Eles mantinham uma economia muito forte com a cidade, vendendo e comprando produtos os mais diversos, além de buscar a vila para realizar cerimônias religiosas católicas, como os batizados. Cenário diferente ocorria com o Quilombo Santa Catarina, também conhecido como "de Manuel Congo", no mesmíssimo período. Dali saíam partidas de quilombolas que atacavam propriedades e carregamentos nas estradas, tendo sido destruído em 1838.

O padrão de fugas durante o período colonial foi marcado pela criação de povoações de escravos fugidos em lugares de difícil acesso, permitindo certa segurança aos quilombolas, que poderiam organizar comunidades novas sem o risco da captura. Foram criados quilombos nos sertões desconhecidos, no meio das florestas ainda não exploradas, em montanhas e nas fronteiras dos domínios lusitanos (e, mais tarde, brasileiros). Ao longo do século XIX, com o crescimento das cidades, novas oportunidades de fuga apareceram. Os escravos poderiam então fugir para outra vizinhança, aproveitando o volume de pessoas que circulava todos os dias e o fato de que muitos escravos circulavam sem a supervisão de senhores ou capatazes, como eram os "negros de ganho", dos quais falaremos a seguir.

E quem seriam esses fugitivos? Observando os anúncios de busca por escravos fugidos publicados em jornais do século XIX, podemos ter alguma noção do perfil do escravo que saía em busca da liberdade, correndo os mais diversos riscos. A enorme maioria era composta por jovens, entre 15 e 35 anos, ainda que isso variasse de região para região. Da mesma forma, os homens fugiam mais do que as mulheres, mesmo considerando as variações locais. De qualquer forma, devemos ter cuidado, pois a maioria dos escravos, na maior parte do tempo, no Brasil, era composta justamente por homens jovens, entre 15 e 35 anos. Esse era o perfil do escravizado que chegava via navios, como já vimos antes.

Considerando outra variável, a identificação étnica, os escravos nascidos no Brasil, chamados *crioulos*, eram a maioria quando comparados com os africanos, como os *minas* e o *angolas*, por exemplo. Se estes últimos ficaram mais associados à rebelião, os crioulos sabiam usar bem os conhecimentos que tinham da terra e dos costumes, tirando proveito disso na sua busca por liberdade. A análise dos anúncios ainda nos traz outra informação interessante: a maior parte das fugas reclamadas por senhores era individual, e não coletiva, quase sempre mais de dois terços do total das deserções.

Para obter sucesso em seu projeto de fuga, era preciso que os escravos contassem com diversos tipos de ajuda. A historiografia da escravidão é repleta de exemplos de todo tipo de apoio que o escravo recebia em seu percurso. Muitas vezes, os escravos paravam de casa em casa, buscando refúgio, antes de tomar um caminho mais longo que os levasse para a liberdade. Em outros casos, contavam com o apoio de escravos de outros senhores, que os escondiam em diferentes partes das fazendas, de modo a despistar a busca e a captura. Além disso, há registros de gente levando escravos em embarcações ou emprestando meios de transporte, como animais, para a fuga (Lara, 1988). Essas redes de solidariedades eram fundamentais para o empreendimento e mostram o alto grau de relações sociais construídas pelos cativos, tanto com livres e libertos quanto com escravos de outros senhores.

Síntese

Neste capítulo, tratamos sobre a sociedade patriarcal, a família, que, segundo Gilberto Freyre, era a unidade básica do Brasil. Foi essa família – com sua forte hierarquia interna, os mandos do senhor sobre a mulher, os filhos e os escravos– que moldou as estruturas fundamentais no passado brasileiro. Mostramos como a sociedade, apesar de toda a sua complexidade, era medida por uma única régua: ter ou não ter escravos, ter muitos ou poucos escravos, ser escravo ou liberto. Tudo, enfim, remetia a essa relação.

Vimos também algo que garantia um pouco de humanidade aos cativos: suas famílias, seus laços de parentesco e suas amizades. Ainda abordamos as quebras da autoridade senhorial, representadas nas diversas formas de resistência, nas rebeliões e nas fugas, as quais poderiam ser longas ou breves.

Atividades de autoavaliação

1. Uma sociedade escravista é mais do que uma sociedade com escravos. Trata-se de uma cultura totalmente organizada pela escravidão, na qual as pessoas se diferenciam por serem ou por terem escravos. No caso do Brasil, uma marca disso foi:
   a) um grande preconceito com o trabalho braçal, associado ao mundo dos escravos.
   b) o desprezo que as pessoas tinham pelas mercadorias produzidas pelos escravos.
   c) a valorização do trabalho como algo próprio da nobreza.
   d) o amplo respeito que havia pelo cativos, associados ao trabalho duro.
   e) um grande preconceito com os traficantes de escravos, pois suas atividades eram consideradas imorais.

2. A família patriarcal, durante o período colonial, era um tipo de família:
   a) na qual todos tinham opinião e voz.
   b) controlada pelo senhor, que mandava nos filhos, na mulher e nos escravos.

c) nuclear, composta apenas de pais e filhos.
   d) na qual a esposa tinha o mesmo poder que o marido.
   e) que existia apenas nas grandes cidades, como Rio de Janeiro ou Salvador.

3. Os estudos sobre a família escrava no Brasil começaram nos anos 1980, sob forte influência de autores norte-americanos. Sobre a família escrava, é possível afirmar:
   a) Existia apenas nas grandes cidades.
   b) Era formada aos moldes da família senhorial, com pai, mãe e filhos.
   c) Era variada, pois, muitas vezes, era composta apenas por mãe e filhos.
   d) Era formada apenas por escravos já aculturados, nascidos no Brasil.
   e) Sempre era referendada pela Igreja Católica.

4. Sobre as resistências cotidianas dos escravos, é possível afirmar:
   a) Eram normalmente violentas, culminando, muitas vezes, com o assassinato do senhor.
   b) Eram variadas, alternando entre o "corpo mole", a lentidão, os protestos e os ataques violentos.
   c) Eram marcadas pelo auxílio das autoridades portuguesas, que sempre se envolviam nessas questões.
   d) Eram reguladas pela Igreja, que defendia os cativos.
   e) Não eram comuns, ocorrendo muito raramente e com grande alarde.

5. As fugas eram uma forma comum de resistência escrava. Sobre elas, podemos afirmar:
   a) Eram sempre definitivas, salvo se os escravos fossem apanhados pelo capitão do mato.

b) Poderiam durar horas, dias ou para sempre, de acordo com as estratégias e os planos dos escravos.
c) Tinham como destino único os quilombos, ou seja, os poucos lugares que aceitariam aqueles escravos.
d) Eram sempre lideradas pelos escravos crioulos, que conheciam o caminho.
e) Eram evitadas pelos escravos crioulos, pela boa relação que estes tinham construído com seus senhores ao longo da vida.

Atividades de aprendizagem

Questões para reflexão

1. O que significava ser um grande senhor de escravos? Será que isso tem uma resposta única? Ou será que depende da região que estamos observando? Todavia, ao mesmo tempo, será que não podemos pensar em um critério único para todo o Brasil? O que você pensa sobre isso? Aponte seus argumentos e discuta com os colegas.

2. O conceito de família é muito disputado politicamente e muitas pessoas o entendem de modo muito fechado, formada apenas por pai, mãe e filhos. Será que uma mãe escrava não formava uma família quando vivia somente com seus filhos? E até que ponto participavam da família dela os padrinhos livres que ela escolhera para seus filhos? Apresente seus argumentos ao seu grupo e discuta com seus colegas.

Atividade aplicada: prática

1. O *site Family Search* possuiu um grande repositório de imagens de registro de batismos do tempo da escravidão. Procurando com calma em cidades que viveram a escravidão de modo profundo, como Rio de Janeiro e Salvador, podemos encontrar registros de batismo de escravos, de modo a ver o nome do pai, da mãe e dos padrinhos. Faça uma busca e verifique o que você é capaz de encontrar. Analise seus achados, procurando olhar com atenção os nomes e as histórias dos escravizados.

Capítulo 4
A escravidão
na *plantation* e nos
mundos rurais

A maior parte da vida social na época colonial e mesmo no século XIX se dava no mundo rural. Na verdade, o Brasil só se tornou predominantemente urbano na segunda metade do século XX. A vida no campo era profundamente orientada pelo escravismo e os escravos eram, de longe, a principal força de trabalho. O campesinato existia, mas o destaque maior era mesmo das grandes unidades produtivas de exportação, conhecidas como *plantation*. Eram essas propriedades as que tinham o maior número de escravos.

Neste capítulo, veremos um pouco sobre a estrutura de funcionamento da *plantation* e como se dava o trabalho escravo nelas. Também vamos observar outros tipos de unidades produtivas e a variação do trabalho cativo ao longo do tempo, entre o período colonial e o século XIX.

(4.1)
A *PLANTATION*

A expressão *plantation* é uma dessas que não tem tradução. E é melhor assim. Usar "plantação" levaria a um equívoco com uma plantação qualquer. A *plantation* era diferente. Trata-se de uma grande plantação, muito grande e voltada para a produção de mercadorias de exportação. No caso do Brasil, os exemplos mais comuns foram a lavoura de cana-de-açúcar e, a partir do século XVIII, de café. Não eram produzidos para consumo local, mas sim para exportação. A *plantation* surgiu no século XVI, ainda que seus antecedentes sejam muito anteriores, tendo experiência semelhantes no Mediterrâneo durante a Idade Média.

Esse sistema produtivo envolve não apenas o modo de produzir, mas traz consigo uma estrutura social específica, adequado para que a produção ocorra. E como era a estrutura social necessária para o funcionamento da *plantation*? Alguns poucos senhores, controlando amplas regiões cada um, com suas terras e seus escravos, elementos básicos da produção. Ao redor das unidades produtivas de exportação e cheias de escravos estavam agricultores não tão ricos, mas com uma estrutura parecida, ainda que inferior: terras e escravos, mesmo que em menor quantidade. No caso do açúcar, principal produto de exportação do Brasil nos primeiros dois séculos de colonização, havia ainda outra diferença (Klein; Luna, 2010).

Os agricultores remediados que habitavam e produziam na vizinhança da grande lavoura de *plantation* apenas forneciam a cana por eles colhida para os engenhos dos grandes senhores. Eram esses senhores que faziam o açúcar e o exportavam. Muito se falou sobre a impossibilidade da produção do açúcar no Brasil ou sobre sua baixa qualidade. Também muito se falou sobre como o açúcar era produzido fora do Brasil. Na verdade, toda a cadeia produtiva do doce produto estava no próprio engenho e dispensava qualquer outra interferência, pois tinha toda a tecnologia necessária. O produto saía de lá pronto para o consumo na Europa (Klein; Luna, 2010; Schwartz, 2001).

A produção do açúcar chegou ao Brasil vinda da Ilhas Atlânticas e trouxe consigo o próprio sistema da *plantation*. A experiência mediterrânica foi levada para arquipélagos como os Açores, as Canárias, Cabo Verde, ilha da Madeira e, posteriormente, para a ilha de São Tomé, bem mais ao sul, colada no continente africano. Ainda no século XV, Portugal iniciou a produção de açúcar na ilha da Madeira, a qual, ao final do século, já era a maior produtora desse bem, contando com 80 engenhos. Não tardou muito para que os espanhóis estabelecessem essa produção e as ilhas Canárias logo se tornassem uma referência no assunto. Logo depois, a Ilha de São Tomé também começou a produção e, por volta de 1550, já possuía cerca de 60 engenhos, onde trabalhavam aproximadamente 2 mil escravos africanos. Todas essas experiências insulares foram, posteriormente, "derrotadas" quando a produção da América se estabeleceu, tanto no Caribe quanto em Pernambuco e Bahia (Klein; Luna, 2010; Ferlini, 1988).

Ainda que nos primeiros anos após a chegada de Pedro Álvares Cabral o Brasil ainda não fosse o alvo principal do investimento lusitano, o início da agricultura de exportação já estava em processo de consolidação. A implementação da *plantation* no Brasil colonial, baseada no trabalho escravo de africanos traficados, a partir de uma organização social na qual os engenhos – grandes unidades produtivas que concentravam a maior parte da mão de obra e das terras – eram o centro político, econômico e social de vastas regiões serviu de base para a ocupação de boa parte das conquistas europeias no período. Ou seja, o modelo português fora rapidamente copiado por ingleses, franceses e espanhóis.

Como disseram Klein e Luna (2010, p. 34):

> *Em sua evolução, o modelo brasileiro da grande lavoura escravista tornou-se comum em muitas partes das colônias inglesas, francesas e holandesas da América. Mesmo as regiões onde não havia plantations, como a Nova Inglaterra, dependiam do comércio com as plantations escravistas antilhanas para sobreviver.*

O açúcar foi o produto escolhido para a produção pela experiência bem-sucedida prévia realizada nas ilhas atlânticas. Era altamente lucrativo e confiável, pela demanda contínua na Europa e pela falta de concorrência. Além disso, o investimento na lavoura de exportação foi permitido pelo fácil acesso que os portugueses tinham às redes de aquisição de escravos no continente africano, das quais participavam cada vez mais, tanto em Angola como na África Ocidental. Com o tempo, os dois processos foram alimentando um ao outro. Quando mais lavoura escravista havia no Brasil, mais recursos havia para adquirir escravos. Quanto mais havia demanda por escravos, maior era o investimento na sua "produção", ou seja, nas guerras e expedições de captura na África e, com isso, mais escravos acabavam sendo oferecidos para as novas lavouras. O acesso lusitano aos contatos na África ajudava a reduzir os custos de aquisição (Klein; Luna, 2010; Ferlini, 1988).

Os primeiros estabelecimentos portugueses foram feitos a partir das chamadas *Capitanias Hereditárias*, processo que não teve grande sucesso, mas que colaborou para a instalação de diversas unidades produtivas na costa brasileira. Com o tempo, em 1549, a fundação de Salvador e o início da ocupação do recôncavo da Baía de Todos-os-Santos alimentaram esse processo, estabelecendo mais uma região produtora. Em 1580, Pernambuco, uma Capitania Hereditária, já despontava com mais de 60 engenhos de açúcar para o mercado europeu. Esse cenário certamente explica o fato de essa área receber tantos escravos africanos no século XVI, como vimos no Capítulo 2 (Klein; Luna, 2010; Schwartz, 1999).

Também em 1580 a Bahia aparece como segunda força em número de engenhos, com aproximadamente 40 dessas fábricas. Nesse momento, as duas regiões, juntas, produziam três quartos de todo o açúcar produzido no continente americano, sendo então o Brasil o maior fornecedor de açúcar da Europa. Os engenhos brasileiros também eram bem maiores que seus similares das ilhas, que já andavam em processo de decadência. Sendo maiores, também tinham maior número de escravos – e boa parte dos cativos explorados nesse primeiro século era composta de indígenas. O uso dessa mão de obra nos engenhos era muito comum até as últimas décadas do século XVI, sendo empregados ainda nas primeiras décadas do século seguinte, ainda que em número cada vez menor.

Os africanos, paulatinamente, iam substituindo os indígenas. Estes últimos tiveram suas populações completamente desorganizadas pelo avanço colonizador e ainda sofreram milhares de perdas por conta das sucessivas epidemias trazidas pelo contato entre continentes tão diferentes e com vírus tão diversos – e letais para os nativos americanos (Klein; Luna, 2010).

A estrutura produtiva da *plantation* não mudou ao longo do período e se manteve essencialmente igual ao longo do século XVIII. O açúcar continuou sendo um produto demandado pelo mercado internacional e as economias pernambucana e baiana se mantiveram, apesar da forte concorrência do Caribe e das intensas variações do preço do produto no mercado internacional, que teve muitas baixas ao longo do período. Esse cenário se deu em paralelo a outro, mais retumbante e conhecido: o descobrimento dos veios de ouro, no final do século XVII, na região que depois se chamou *Minas Gerais*. Mais tarde, também diamantes foram incluídos na mineração (Klein; Vidal-Luna, 2010; Schwartz, 1999; Ferlini, 1988).

O processo de ocupação das áreas mineiras se deu de modo muito acelerado. Em poucas décadas os lusobrasileiros ingressaram de modo avassalador em uma vasta área, estabelecendo cidades, fazendas, minas e outras tantas unidades produtivas. Estima-se que, em 1710 (20 anos depois dos primeiros relatos de ouro), já havia aproximadamente 20 mil homens livres e semelhante número de escravos habitando na região. Esse número passou para 35 mil em 1717 e, poucos anos depois, já andava na casa dos 50 mil. O número de 100 mil escravos teria sido marcado por volta de 1730, para chegar aos 250 mil cativos por volta de 1760. É certo que esses números são suspeitos e podem estar bastante inflados, mas a ideia geral de que houve um forte e contínuo crescimento não é errada (Klein; Luna, 2010).

O sistema de trabalho adotado nas Minas Gerais foi semelhante ao da *plantation* de açúcar, com o emprego sistemático da força de trabalho escravizada, a maior parte dela vinda diretamente da África. Havia um incentivo da Coroa ao mercado de almas, na medida em que as terras para mineração eram distribuídas de acordo com o número de escravos possuídos no momento do pedido. Ou seja, ganhava mais terras quem provasse ter mais escravos. Esse processo fez a demanda por cativos aumentar muito e, mesmo com os preços aumentando, a demanda continuou com força (Klein; Luna, 2010).

Por conta da mineração, o século XVIII viu uma grande mudança geográfica e econômica no Brasil. O centro dinâmico da economia colonial passou da Bahia e de Pernambuco para o Sudeste, onde o Rio de Janeiro soube colocar-se de modo conveniente, obtendo grande crescimento, o que levou a Coroa a mudar a capital de Salvador para lá. Vários novos setores e produtos foram desenvolvidos, ainda que nem todos fossem baseados na *plantation*. Sobre esta última, a grande novidade do século foi o crescimento da lavoura de cana fora do Nordeste, especialmente em Campos dos Goytacazes, que cresceu de modo acelerado ao longo do século, produzindo açúcar e aguardente. Em pouco tempo o Rio de Janeiro se consolidou como um dos maiores produtores de cana do país. Outra novidade importante foi a produção de algodão no Maranhão, que se estabeleceu a partir da década de 1760, com franca exportação para a Europa (Klein; Luna, 2010). A cultura do algodão também se dispersou por outras partes do Brasil, mas assumindo formas diversas da *plantation*, como veremos a seguir.

(4.2)
A ESCRAVIDÃO NA *PLANTATION*

O dia começava cedo em uma *plantation*. Os escravos acordavam por volta das 5 horas, para o tempo de fazer as orações da manhã. Alguns senhores lhes davam, de saída, um pouco de pão e um copo de cachaça, mas isso nem sempre era assim. A primeira refeição seria por volta das 9 horas, quase sempre reforçada. Alguns senhores, orgulhosos de sua generosidade, afirmavam dar arroz, toucinho e café nessa primeira refeição. O almoço acontecia mais tarde e, muitas vezes, era composto de carne seca, frutas e legumes. O mesmo valia para o jantar, bem mais tarde, composto por legumes e farinha de mandioca. O tempo diário de trabalho variava entre a madrugada e o início da noite, ainda que boa parte das tarefas fosse distribuída com base em metas numericamente estabelecidas (Schwartz, 1999).

Se bem que haja relatos de boas alimentações, que incluíam carne seca, toucinho e café, a maior fonte de calorias que os escravos tinham estava baseada na mandioca e na farinha de mandioca. Estima-se que cada escravo dispunha de um alqueire de farinha por período de 40 dias, ou seja, recebiam pouco mais de 300 gramas por dia. Somava-se a isso uma porção de peixe ou de carne seca. Frango era considerado algo especial, e somente os escravos doentes poderiam receber. Frutas, em especial bananas, além de arroz, eram muito utilizados nas dietas dos escravos das grandes unidades produtivas de exportação. Outro alimento comum para a época (e estranho para nós) era a carne de baleia, especialmente na Bahia, onde havia armações de pesca da baleia (Schwartz, 1999; Ferlini, 1988).

Inúmeros relatos, feitos tanto por estrangeiros como por portugueses, enfatizam a precariedade da alimentação dos escravos ao longo de todo o período colonial. Há relatos de que, para combater a fome, escravos capturavam ratos no canavial, onde abundavam, e os assavam. Essa situação era tão comum e generalizada que as autoridades de Madrid (durante a União Ibérica) e de Lisboa atuaram diversas vezes para recomendar a melhoria da alimentação dos cativos. Em 1604, o Conselho de Índias discutiu formas de exigir dos senhores um dia da semana para os escravos trabalharem em roças próprias, de modo a incrementar sua alimentação. Em 1701, as autoridades de Lisboa efetivamente criaram uma normativa para isso, que foi muito lentamente sendo aplicada (Schwartz, 1999).

Assim como a alimentação, o vestuário escravo também era precário. Há vários relatos de época que enfatizam as péssimas condições das roupas dadas aos escravos e a falta de reposição dessas peças. Muitos senhores forneciam aos cativos o tecido, alguma quantidade anual, e deixavam que eles mesmos cuidassem de suas vestes, já que comprar tecidos e fazer as próprias roupas era algo normal também para os livres. As roupas também refletiam as diferenças dentro da senzala, especialmente entre os trabalhadores do "eito", ou seja, da lavoura, e aqueles domésticos, que tinham melhores vestimentas (Schwartz, 1999).

As moradias também eram objeto de avaliação de diversos viajantes que estiveram no Brasil durante o período da escravidão. Nesse ponto, as opiniões não eram tão unânimes quanto à precariedade, ainda que os relatos tampouco sejam de um cenário adequado, em geral avaliando as casas como muito ruins. Eram geralmente choupanas feitas de barro e sapé, com telhado de palha. Eram geralmente pequenas, mas recebiam quase sempre apenas um casal ou uma família, de acordo com as circunstâncias. Podemos tomar como referência o Engenho Água Boa, em 1795, que tinha 14 senzalas para 34 escravos. Era comum que os escravos, nos arredores das senzalas, quando autorizados pelos senhores, mantivessem roças próprias e plantações de árvores frutíferas para complementar – ou mesmo garantir – a alimentação diária (Schwartz, 1999).

Até aqui estamos apenas observando as condições de vida e trabalho, pois essas coisas se confundiam, usufruídas pelos escravos das grandes unidades produtivas. É claro que isso variava muito no tempo e no espaço e que vamos encontrar cenários um pouco melhores em algumas regiões e até piores em outras. Contudo, como panorama geral das condições de sobrevivência dos cativos, o resumo feito nos parágrafos anteriores é bastante representativo do universo da *plantation*.

> Não podemos, contudo, ignorar um último aspecto: a **violência** latente e constante do cotidiano, para além dos castigos realizados no momento do trabalho. Eles eram comuns e os escravos não tinham onde obter ajuda para sua defesa, o que só foi conseguido, lentamente, ao longo do século XVIII, especialmente, durante o século XIX (Schwartz, 1999; Ferlini, 1988).

Ainda sobre a violência, ela era mais frequentemente usada para conduzir o trabalho e garantir a produtividade. Durante o trabalho, especialmente no canavial, era rotina que o feitor ficasse constantemente castigando os cativos (Schwartz, 1999). Como afirma Silvia Lara (1988, p. 55):

> *o castigo não permanecia apenas a nível da dominação do escravo. Estava presente também no âmbito da produção e da continuidade da produção. O trabalho escravo, assegurado na sua continuidade pelo castigo, era por ele também controlado e disciplinado. A característica disciplinadora do castigo – que nem sempre era explicitada nos discursos coloniais – constituía-se, no entanto, como elemento fundamental, pois permitia a conexão entre trabalho compulsório e produção lucrativa.*

Os castigos eram um elemento essencial para garantir a produtividade e o lucro, ou seja, não eram apenas abusos de feitores que se passavam na rigidez. Eram, inclusive, uma marca do sistema escravista, ainda que parte da historiografia minimize esse fator. Aliás, a violência era considerada aceitável e recomendável, ainda que até certo ponto, sendo o excesso considerado prejudicial, pouco cristão e perigoso. Muitos tratadistas católicos argumentaram contra os abusos senhoriais, ainda que nunca tenham, de todo, recriminado a violência. O feitor era um personagem fundamental nessa engrenagem: era ele quem representava o senhor e cobrava trabalho dos cativos. Muitas vezes era dele que o senhor cobrava a produção e, ao mesmo tempo, era contra ele que os escravos mais se revoltavam (Lara, 1988).

A violência, dizia-se, era usada para garantir o trabalho e o cumprimento das "tarefas" e das metas de trabalho que cada escravo tinha que cumprir todos os dias. Um escravo do "eito" na lavoura de cana, por exemplo, deveria cumprir um número mínimo de "mãos" a cada dia. O valor era maior ou menor, dependendo do engenho. O famoso Engenho Sergipe do Conde, no final do século XVII, exigia sete mãos por dia, enquanto o Engenho Santana, em Ilhéus, exigia seis. Cada "mão" era composta por 5 "dedos", que eram formados, cada um, por 10 feixes de 12 canas. Ou seja, no final do século XVII, um escravo do Engenho Sergipe deveria cortar 4.200 canas por dia, enquanto no século seguinte, no Engenho Santana, eram 3.600 unidades (Schwartz, 1999).

Também havia metas para todos os outros trabalhos da produção de açúcar: para preparar o campo e cavar os buracos, para a moenda, para a purga do açúcar, para a preparação das formas de barro que receberiam o caldo, entre muitas outras. Uma vez cumpridas as metas diárias, os escravos poderiam até dispor do tempo livre para a própria roça, mas não sem antes trabalhar em alguma das tarefas gerais das *plantations*, como cortar lenha, preparar cercas, cavar fossos e plantar mandiocas. Esses trabalhos poderiam muito bem consumir quatro ou mais horas do dia de trabalho, fazendo com que a jornada de trabalho não parecesse ter fim (Schwartz, 1999).

O exemplo que enfatizamos foi o da lavoura de cana. É certo que ela não era a única, mas certamente foi a mais longeva produção da história do Brasil, desde o início da colonização até os dias de hoje. E durante a maior parte do tempo, foi a mão de obra escrava quem fez o açúcar ser produzido para boa parte do mundo. Há diferenças importantes em relação ao ritmo de trabalho de outras unidades, como o do café, por exemplo, ou da mineração – esta última, sem dúvida, ainda mais dura. Porém, de modo geral, o exemplo da lavoura de cana sintetiza bem o que era a escravidão nas grandes unidades de exportação que existiram no Brasil durante quase 400 anos (Schwartz, 1999).

> A violência, dizia-se, era usada para garantir o trabalho e o cumprimento das "tarefas" e das metas de trabalho que cada escravo tinha que cumprir todos os dias.

(4.3)
MUNDOS RURAIS NA PERIFERIA DA *PLANTATION*

A *plantation*, apesar de sua importância, não era a única forma de produção que existia, nem no período colonial e tampouco no século XIX. Em paralelo ao mundo produtivo voltado para a exportação, havia uma série de outras formas. Quais seriam essas formas? Propriedades que utilizavam o trabalho de camponeses, pequenas unidades voltadas para a produção de alimentos ou mesmo grandes fazendas de criação de gado para alimentação e transporte. Não eram, no mais das vezes, voltadas para a exportação. Seu foco era o abastecimento, inclusive das fazendas exportadoras. Havia uma grande variedade dessas unidades que não voltavam seus olhos para o exterior. Nos séculos XVI e XVII elas já existiam, mas não eram tão comuns como se tornaram no século XVIII. Alguns relatos, como o de Gabriel Soares de Souza, de 1587, já mencionavam casos de pequenas propriedades voltadas para a produção de alimentos, além de outras unidades voltadas para a pesca em pequena e grande escala, todas funcionando ao redor da *plantation* açucareira (Gil, 2016).

Com a descoberta e a exploração das Minas, uma importante mudança conjuntural se apresentou. O abastecimento da mineração demandava alimentos e meios de transporte, articulando diversas áreas produtivas próximas e outras mais distantes. O crescimento gradativo da economia incrementou esse cenário, de tal maneira que cada vez mais regiões novas se integraram ao universo colonial. Uma das regiões que surgiu nesse avanço foi o Rio Grande de São Pedro, com a fundação da Vila de Rio Grande, em 1737. Os anos posteriores foram de grande desenvolvimento da pecuária nas regiões vizinhas, especialmente nas proximidades da Lagoa dos Patos, do Rio Jacuí e da Lagoa Mirim. No final do século XVIII, por volta de 1780, a produção de carne salgada, o *charque*, foi iniciada de modo sistemático, algo que se manteve em crescimento ao longo do século XIX. O charque utilizava mão de obra escrava em grandes quantidades, funcionando de modo semelhante à *plantation*, com a diferença de que ele não era produzido para exportação, mas para consumo interno, especialmente para alimentar os escravos das grandes fazendas de exportação, ou seja, para abastecer a própria *plantation* (Fragoso, 1998; Vargas, 2013).

Essas áreas produtoras foram interligadas ao restante do Brasil ainda nos anos 1730, com a abertura do chamado *Caminho das Tropas*, por onde passavam caravanas de animais, conduzidos por tropeiros e seus ajudantes, muitos dos quais eram escravos (Hameister, 2002; Gil, 2007). O Caminho das Tropas incrementou o desenvolvimento do pastoreio na região dos chamados *Campos de Curitiba*, onde cada vez mais fazendas de criação de gado se estabeleciam, boa parte delas com forte presença de escravos de origem africana, além de outros tantos indígenas, ainda que a proibição do cativeiro destes já fosse muito antiga. Também eram produzidos alimentos nos arredores da Vila de Curitiba, como milho, feijão e até mesmo algodão (Barleta, 2013; Gil, 2009).

Assim como para o sul, também foram criados novos caminhos interligando o interior, outrora pouco acessado pelos portugueses. Novos caminhos foram construídos entre o Rio de Janeiro e as Minas. Logo no começo, esses caminhos cruzavam o território da Capitania de São Paulo para, no momento seguinte, ligar diretamente os dois polos através do chamado *Caminho Novo*. Ao mesmo tempo, novos caminhos foram criados para as demais regiões recentemente integradas: as minas de Goiás e o Mato Grosso. O caminho das monções, por exemplo, ligava São Paulo com as minas de Cuiabá, levando mercadorias para o abastecimento dos novos descobertos. Muitos dos expedicionários eram escravos, os quais, entre outras coisas, tinham de carregar os barcos nas costas quando o grupo encontrava corredeiras (Godoy, 2002; Holanda, 1990).

Outro produto que se tornou relevante no século XVIII foi o algodão. Encontramos registros dessa cultura ainda no século XVII no recôncavo da Baía de Todos-os-Santos, mas em uma escala bastante pequena. A partir de meados do século XVIII, tivemos várias regiões do Brasil cultivando esse produto, boa parte exportando o resultado, enquanto outras regiões tratavam de beneficiar o produto. A região que mais se destacou foi o Maranhão, do qual já falamos, que produzia o algodão em unidades com grande número de escravos. Todavia, podemos certamente falar de, pelo menos, outras duas grandes áreas produtoras, as Capitanias de São Paulo e de Pernambuco.

No caso de São Paulo, a cultura do algodão se difundiu a partir dos anos 1780, sendo encontrada em um grande número de vilas daquela capitania. Em paralelo, encontramos cada vez mais lugares onde o produto era transformado em fio, além de outras tantas unidades onde o fio era transformado em tecido e, finalmente, em roupas (São Paulo, 2018).

O outro exemplo era a Capitania de Pernambuco. Toda a região a oeste de Olinda, Igarassu e Goiana esteve envolvida na atividade de produção algodoeira no final do século XVIII. As áreas ao sul de Olinda e algumas vilas da Paraíba também mantinham essa lavoura. Os preços internacionais do algodão atraíram os produtores, que começaram a abandonar suas lavouras de subsistência para entrar de cabeça na nova cultura. No caso, fica evidente que não se tratava de *plantation*, pois eram camponeses com propriedades de pequeno porte, poucos escravos e, algumas vezes, usando apenas o trabalho familiar. Esse cenário de envolvimento total com o algodão trouxe problemas muito sérios para toda a economia regional. O abandono das roças de alimentos trouxe, de início, o aumento dos preços da comida e, no auge da crise, uma falta total de produtos alimentares disponíveis na região, ficando muito difícil até mesmo para as ricas fazendas de cana de *plantation* alimentar seus escravos. Foi necessária uma intervenção da Coroa lusa, que começou a regular uma cota mínima de alimentos em paralelo à produção do algodão (Palacios, 2004).

A produção de carne salgada era fundamental para o abastecimento em todo o Brasil. Já vimos o caso do charque do Rio Grande do Sul, mas não podemos ignorar a produção da carne seca no Ceará colonial, particularmente na Vila de Aracati. Essa atividade ocorreu ao longo de quase todo o século XVIII e garantia o abastecimento de parte expressiva das chamadas *Capitanias do Norte*, especialmente

Pernambuco, ainda que a Bahia e o Rio de Janeiro também fossem centros consumidores. As "oficinas de salga" ocupavam muitos trabalhadores, dos quais alguma parte era composta por escravos, ainda que não saibamos com clareza quantos eram de origem africana e quantos eram indígenas. Há registros de que algumas unidades de salga tinham dezenas de cativos. O que importa conhecer aqui é outro tipo de produção, voltada para consumo interno e que utilizava mão de obra escrava, ainda que não com a mesma intensidade que a *plantation* (Rolim, 2012).

Na capitania de São Paulo, ao final do XVIII, havia uma grande diversidade de produções de alimentos, além de pequenas quantidades de outras lavouras de exportação de menor monta. Como produtos voltados para o abastecimento, encontrávamos arroz, gado, vários tipos de farinha, feijão, milho e trigo, sem esgotar a lista. A capitania também exportava açúcar, fumo, café, aguardente, anil, madeiras e animais, mesmo que nem tudo entrasse no mercado atlântico. Ocupadas nessas produções, em São Paulo havia diversas unidades de exportação que utilizavam mão de obra escrava em grande quantidade. Contudo, a maioria das propriedades que se dedicavam a esses negócios eram pequenas, com poucos escravos e muito dependentes da mão de obra familiar e dos chamados *agregados*, pessoas que acabavam se empregando nas propriedades de outros em condições precárias de trabalho, ainda que não fossem escravos (Guedes, 2008; São Paulo, 2018).

Além dessas expressivas produções regionais, podemos encontrar diversas atividades desenvolvidas ao longo do século em diferentes partes do país. A pesca da baleia, por exemplo, era realizada em Santa Catarina, Rio de Janeiro, Bahia e Paraíba, com certo destaque. O anil foi produzido em diversas localidades, especialmente no Rio de Janeiro. A cochonilha, inseto usado para preparação de corantes, também fora produzida em diversas regiões, especialmente no Sul do Brasil. Minas Gerais se tornou também uma capitania produtora de alimentos, por meio da mão de obra escrava, em pequenas unidades. Isso mostra que havia, ao longo do século, uma grande diversidade de atividades produtivas, utilizando formas variadas de trabalho. Essas unidades estavam integradas entre si e conectadas com as diversas *plantations* que serviam para a exportação.

(4.4)
A ESCRAVIDÃO RURAL NA COLÔNIA

A escravidão não existiu apenas na *plantation* e teve formas um pouco diferentes desta última em outros tipos de unidades produtivas. Como já vimos, parte expressiva dos sítios e das fazendas não eram de exportação ou não apresentavam grandes dimensões. A maior parte dessas unidades era composta por escravarias pequenas, em geral com até 10 escravos, ainda que as charqueadas, por exemplo, fossem muito maiores e pudessem reunir dezenas de cativos. Vejamos um pouco como era a escravidão no universo que se dava em paralelo à *plantation*. As presenças de escravos nessas atividades não era algo desprezível. Da mesma forma, esse tipo de economia não prescindia dos trabalhos dos cativos.

Vamos começar com o Paraná. Existe uma noção difusa de que essa região quase não viveu a escravidão, ou a viveu apenas de modo residual. Contudo, quando vamos aos dados demográficos para ver o quanto havia de escravos, descobrimos que eles variavam entre 22% e 8% entre 1772 e 1874. A diminuição do percentual era geral em todo o Brasil, ainda que no Paraná ela tenha começado antes, pois ia perdendo potencial de compra (e talvez até mesmo escravos) para as regiões mais dinâmicas da *plantation*, como o Vale do Paraíba e o interior de São Paulo. De qualquer maneira, mesmo com uma presença escrava expressiva, o tamanho das escravarias no Paraná era, em geral, menor que em outras partes do Brasil. Em geral, o tamanho das escravarias não passava de 20 pessoas, ainda que a parte mais densa estivesse nas propriedades com até quatro escravizados (Machado, 2008).

Tomando como exemplo um caso bem estudado, São José dos Pinhais, percebemos que 80% dos lares não tinham escravos por volta de 1800. Ou seja, a população cativa estava nas mãos de poucas pessoas e concentrada em alguns lugares específicos, onde grandes fazendas estavam estabelecidas (Machado, 2008).

Mapa 4.1 – População livre e escrava em São José dos Pinhais, final do século XVIII

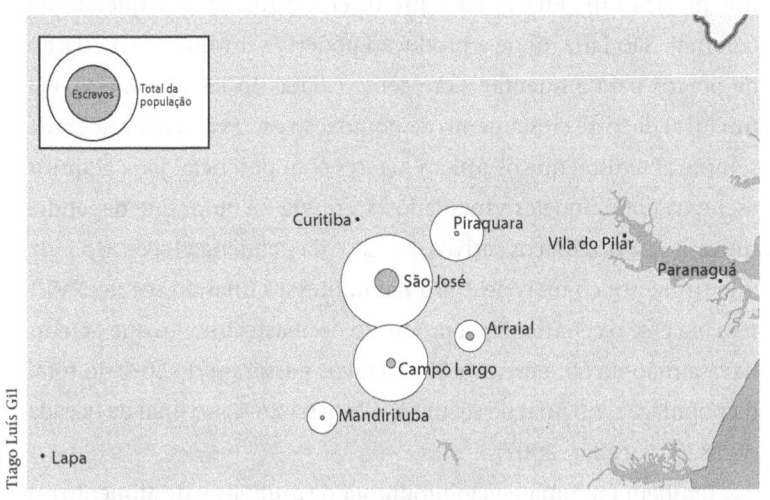

Fonte: Elaborado com base em São Paulo, 2018.

Saindo do Paraná, podemos tomar o rumo do caminho das tropas e observar como se deu a escravidão em Porto Feliz, usando como guia o estudo de Roberto Guedes (2008). No início do século XIX, a Vila de Porto Feliz era um centro importante de produção de açúcar no interior de São Paulo. Essa atividade, como seria de esperar, era realizada, em grande número, pelos braços cativos. Em paralelo, contudo, outras atividades econômicas foram se desenvolvendo ao redor da *plantation*, ainda que vinculada a ela. Uma forte produção de gado se iniciou, na qual a mão de obra escrava também era muito importante. A maioria das unidades de pecuária, cerca de 80%, mantinha escravos no trabalho. Além da pecuária, havia uma boa produção de alimentos, como feijão, milho e arroz. Também em parte dessas unidades a mão de obra era cativa, sendo que a grande maioria das escravarias tinha entre um e cinco cativos (Guedes, 2008).

Em seu estudo sobre São Luiz do Paraitinga, Carlos Bacellar (2007) nos mostra um cenário bastante interessante: uma pequena vila colonial, São Luiz, onde a produção poderia ser resumida à criação de porcos para alimentar a crescente cidade do Rio de Janeiro, era um local de forte crescimento da população escrava. A historiografia sempre acreditou que os únicos lugares com potencial para adquirir escravos eram aqueles vinculados à grande lavoura, que dependia unicamente dos braços cativos. No caso da pequena vila de São Luiz, que tinha pouco mais de 2 mil habitantes ao final do século XVIII, não era esse o cenário. Era a produção de abastecimento que demandava a mão de obra escrava. Os escravos passaram de 20% do total da população, no final do século XVIII, para 26%, no final da década de 1820 (Bacellar, 2007).

Também em uma região produtora de animais e de alimentos, a Viamão de finais do século XVIII, encontramos um padrão de posse de escravos semelhante. Eram escravarias, em sua maioria, com até cinco cativos, sendo a segunda maior faixa aquela composta por senhores que tinham entre seis e dez escravos. A produção pecuária não demandava mão de obra fixa em grande quantidade. Os escravos eram necessários especialmente nas épocas de marcação e castração, mas a produção de alimentos os empregava no restante do tempo. Além disso, havia figuras como o escravo "domador", que ficava tratando do treinamento dos animais para uso na propriedade. Isso significa que havia escravos que eram hábeis o suficiente no manejo dos animais a ponto de cuidar de sua domesticação, um serviço altamente especializado. Nesse sentido, apesar de sazonal, a escravidão era fundamental na pecuária (Hameister, 2002; Kühn, 2006).

Quando falamos na Bahia do tempo da escravidão, a primeira imagem que vem a nossa mente é sempre a da *plantation*. Mas isso é apenas uma aparência. Os estudos de Bert Barickman (2003) mostraram que havia forte produção de fumo e de mandioca realizadas em unidades que mantinham escravos. No sul do recôncavo da Baía de Todos-os-Santos, mais de dois terços das roças de mandioca identificadas em um censo de 1781 possuíam escravos trabalhando. O mesmo pode ser dito das regiões produtoras de fumo, que mantinham sempre, no mínimo, um quinto da população na forma de cativos. A diferença, contudo, estava no tamanho das escravarias. Enquanto a *plantation* mantinha senzalas com mais de dez escravos, as unidades voltadas para o fumo ficavam na faixa entre 6 e 10 e aquelas voltadas para a mandioca, entre 1 e 5 escravos. Em certos casos, os produtores de fumo poderiam ter números ainda maiores, comparáveis aos da lavoura de cana (Barickman, 2003).

Para não ficar apenas nas atividades produtivas, vejamos os escravos empregados em outro setor sem relação com a *plantation*: o comércio de contrabando. Não eram os escravos que comandavam o contrabando, mas indivíduos livres, quase sempre senhores de escravos. No caso do Rio Grande, no extremo sul, no final do século XVIII, havia alguns personagens que conheciam como poucos as artes dos descaminhos. Um deles era Rafael Pinto Bandeira, que foi coronel da Cavalaria Ligeira, brigadeiro e chegou até mesmo a ocupar o cargo de Governador Interino da Capitania. Esse sujeito manteve, durante muito tempo, um grupo de escravos que atuava protegendo outros, escravos e livres, que faziam o comércio ilícito. Isso significa que eram escravos montados e armados, capazes de atacar qualquer pelotão. Ou seja, estamos diante de escravos que poderiam atacar seus senhores, tal como fizeram os escravos da Revolta de Carrancas, em 1833; porém, no nosso caso, os escravos não se revoltaram. Isso pode ser exemplo de limite: para que isso ocorresse exatamente assim, os senhores precisavam oferecer muitas vantagens aos seus escravos, e certamente era esse o caso. Boa parte das senzalas do brigadeiro Rafael Pinto Bandeira tinha telhado, algo que não era comum nas casas dos livres pobres e remediados (Gil, 2007).

Podemos, assim, ver que a realidade da escravidão rural na Colônia foi multifacetada: havia escravos como os da *plantation*, exigidos ao extremo, vítimas contínuas da violência e sob uma pressão de produtividade muito grande, ao mesmo tempo que, em outras partes, havia escravos armados atuando livres pelos campos, voltando para suas senzalas telhadas após dias de aventuras no comércio ilegal. Em todo caso, a síntese do Brasil colonial se dava nas formas da escravidão.

(4.5)
A ESCRAVIDÃO RURAL NO SÉCULO XIX

O século XIX no Brasil conheceu a maior época de importação de escravizados de sua história. Também foi ao longo desse século que a escravidão acabou sendo combatida e finalmente encerrada, em 1888. A diversidade econômica era uma marca desse período, com uma grande variedade de novos produtos, de novas relações de trabalho, de propagação (lenta) do trabalho livre. Mas essa também foi a época em que três produtos respondiam por uma enorme parcela da economia: café, açúcar e algodão. Os dois primeiros foram o carro-chefe da economia brasileira: primeiro o açúcar, até a década de 1830; depois o café, que reinou soberano como principal produto de exportação. O algodão nunca foi rei, mas sempre teve sua majestade como uma das mais importantes fontes de renda. Todos os três produtos visavam à exportação e eram produzidos em grandes unidades escravistas, ou seja, nas *plantations* (Klein; Luna, 2010).

Até o século XVIII, havia um relativo equilíbrio entre as regiões produtivas. O Nordeste tinha muita força com o açúcar e o algodão, enquanto o Sudeste mantinha sua economia baseada no açúcar e nos minérios. No século XIX, isso se manteve, mas com uma tendência de concentração no Sudeste. O motivo desse deslocamento foi o café.

Mas como podemos ter certeza dessa mudança? Basta observar alguns números. Estima-se que, em 1818, as províncias de Minas Gerais, Rio de Janeiro e São Paulo continham 35% da população escrava total. Em 1872, esse valor subiu para 58%, chegando a 65% pouco antes da abolição. Ou seja, se no começo do século essas três regiões possuíam um terço dos escravos, ao final do século possuíam dois terços. Além do fato evidente da capacidade de produção proporcionada pelos trabalhadores, é preciso considerar que o valor dos cativos era altíssimo e não parava de subir. Quanto mais caros estavam os escravos, mais o Sudeste acabava os comprando (Klein; Luna, 2010).

Isso tudo pode fazer parecer que o Nordeste açucareiro ia mal, mas não era assim. A economia da Bahia e a de Pernambuco cresceram muito no século XIX, principalmente em função das altas no preço do produto rei, o açúcar. Beneficiado com a queda das principais áreas produtoras do Caribe, o Brasil pôde dar uma arrancada na sua produção, especialmente a partir do final do século XVIII. O número de engenhos cresceu nesse período, especialmente na Bahia e em Pernambuco, mas houve aumento da cultura da cana e dos engenhos em São Paulo e Rio de Janeiro. O açúcar foi o principal objeto de exportação do Brasil até 1830, quando o café o ultrapassou. Além disso, a concorrência internacional voltou a ser forte, já que Cuba iniciou-se na cultura da cana com força, além da produção de Porto Rico (Klein; Luna, 2010).

O açúcar perdeu espaço para o café, mas nunca deixou de ser produzido. Aliás, sua produção só aumentou durante o século XIX, sem nunca cair, de fato, perdendo apenas importância no preço de venda. Na década de 1820, a produção brasileira chegou a 40 mil toneladas. Na década seguinte, foi para 70 mil toneladas, passando para 100 mil em 1850. Por volta de 1870, atingiu quase 170 mil toneladas, para obter o pico de 200 mil pouco antes da abolição. Esse aumento de produtividade não se deveu a qualquer inovação de tecnologia agrícola – salvo pelo uso de uma cana diferente, a tahiti –, mas ao simples aumento da lavoura de cana, ocupando terras nunca antes utilizadas, além do aumento do número de engenhos. Mais para o final do século, a energia a vapor impulsionou a prensagem da cana, elevando a produtividade (Klein; Luna, 2010).

Entre 1830 e 1880, Bahia e Pernambuco se revezavam na posição de maior produtor de açúcar. Em 1835, somente o distrito de Iguape contava cerca de 22 engenhos, os quais tinham em média 123 escravos, um perfeito exemplo de *plantation*. Na década de 1870, com o crescimento da lavoura açucareira, cada uma dessas províncias contava cerca de 800 engenhos. Mas nem só Bahia e Pernambuco cresciam com o produto. O Rio de Janeiro também desenvolveu muito suas unidades de cana e a região de Campos dos Goytacazes, ao norte do Rio, particularmente, contava com mais de 400 engenhos por volta de 1820, que tinham em média 36 cativos, bem menos do que a média geral baiana, que era de 66 escravos por propriedade. Mesmo a província de São Paulo, mais pobre que as outras, havia embarcado com vontade na produção do açúcar e em 1820 esse já era seu principal produto de exportação. Rio de Janeiro e São Paulo também produziam muita aguardente de cana, que era usada como moeda de troca na aquisição de escravos na África (Klein; Luna, 2010).

E o café? Foi avassalador. Há registros de sua produção já no século XVIII em várias regiões do Rio de Janeiro, com um crescimento lento e gradual, realizado em pequenas propriedades onde os escravos eram igualmente poucos. Foi somente na década de 1820 que o café se tornou o principal produto do Rio de Janeiro, superando o açúcar. Dez anos depois, ele ultrapassou o açúcar em todo o Brasil. Em meados da década de 1830, o Brasil já era o maior produtor de café do mundo e continuava crescendo em um ritmo alucinante. Nos anos 1840, produzia 100 mil toneladas e, na década seguinte, 200 mil. A produção do café não era custosa para um pequeno produtor e poderia ser facilmente desenvolvida em unidades de trabalho livre. Contudo, a relação entre café e escravidão era muito forte, ocasionando uma alta inédita nas importações de escravos, pois novas terras iam sendo ocupadas para a cultura do café, de um modo bastante veloz (Klein; Luna, 2010).

Como não havia a prática da fertilização do solo, o cultivo do café acabava exaurindo a terra e migrando para novas áreas, numa contínua expansão. A produção começou não muito longe da cidade do Rio de Janeiro, ainda em finais do século XVIII, e lentamente, ela foi subindo a serra, abrindo a fronteira agrária. Nos anos 1830, o café já havia conquistado o Vale do Rio Paraíba e regiões vizinhas ao Rio, como a vila de São João Marcos, onde a família Breves fez enorme fortuna. Ele seguiu seu rumo pelo Vale do Paraíba até chegar a terras paulistas na década de 1840. Ao mesmo tempo, também crescia na direção de Minas Gerais, na Zona da Mata, onde se estabeleceu de modo convincente. Em boa parte do século XIX, Minas e Rio de Janeiro rivalizaram como maiores produtores. São Paulo só atingiu esse patamar nos anos 1880. Em terras paulistas, o café saiu do Vale do Paraíba e tomou o rumo da Vila de São Carlos, atual Campinas, de onde seguiu na direção oeste, sempre abrindo novas fronteiras (Klein; Luna, 2010; Muniz, 2005).

O número médio de escravos das fazendas de café andava na casa de 43 escravos por propriedade em 1880; ou seja, foi apenas no final da escravidão que os cafeicultores começaram a competir em número de cativos por unidade com os produtores de açúcar. Contudo, o número de fazendas cafeicultoras era suficientemente grande para que a maior parte dos cativos estivesse trabalhando nelas. Em Minas, por exemplo, onde havia uma produção mista de café, alimentos e pecuária, o número de escravos da província nunca caiu. A área cafeicultora de Minas mantinha cerca de 90 mil escravos por volta de 1870, passando para 96 mil em 1886, isso em meio a dois processos: o encarecimento dos escravos e o forte debate abolicionista. Os cafeicultores seguraram os escravos enquanto puderam (Klein; Luna, 2010).

Os escravos, contudo, não estavam apenas na *plantation*. Tal como nas cidades, eles faziam de tudo também no campo. Em Minas, no século XIX, uma vasta rede de produção de alimentos se organizou e parte expressiva dos trabalhadores eram escravos. Também em Pernambuco estima-se que entre 30% e 40% dos escravos estivessem fora das grandes lavouras, produzindo algodão em pequenas unidades, ou alimentos e animais. Nessas unidades era comum que as escravarias não ultrapassassem 10 pessoas. A produção de alimentos e de gado, tanto para abate quanto para transporte, com a presença de escravos foi comum na maior parte do Brasil. As charqueadas, unidades de grande tamanho e com muitos escravos, mas voltadas para o mercado interno, tornaram-se mais importantes do que nunca, alcançando lucros muito altos. A produção de fumo na Bahia também era importante e mantinha escravarias com um número nunca maior do que 10 cativos.

Por fim, não podemos esquecer o abastecimento das cidades. Este costumava ser feito por pequenas propriedades nas vizinhanças dos centros urbanos, nas quais também era o braço escravo o principal trabalhador (Klein; Luna, 2010).

Síntese

Pudemos demonstrar, neste capítulo, o cenário de boa parte do universo escravista: a *plantation*, lócus da exploração escrava por excelência. Era nessas grandes unidades produtivas voltadas para a exportação que parte expressiva do trabalho escravo se desenvolvia. Eram unidades complexas, com escravos domésticos, escravos administradores e escravos cortadores de cana.

Apresentamos também as unidades de abastecimento, antítese e complemento da *plantation* ao mesmo tempo, pois se eram modelos diferentes, também, muitas vezes, garantiam os alimentos necessários aos escravos da lavoura de exportação. Essas unidades de abastecimento frequentemente revezavam trabalho escravo e livre; este último quase sempre assumia a forma de campesinato, na qual mesmo escravos e libertos podiam atuar em condições bastante diferentes das mais comuns.

Atividades de autoavaliação

1. A *plantation*, estabelecimento comum no tempo da escravidão, foi uma das estruturas produtivas que mais empregou mão de obra escrava na história. Esse tipo de unidade era caracterizada por:
   a) ser voltada para a produção de mercado interno.
   b) utilizar a família senhorial como mão de obra camponesa, ao lado dos escravos.
   c) ser marcada pela produção de alimentos para abastecer as unidades urbanas mais próximas.
   d) desenvolver-se em pequenos espaços, de modo a garantir uma ocupação enxuta do solo.
   e) ser frequentemente de grandes dimensões e voltada para a exportação, demandando muita mão de obra.

2. Sobre os escravos empregados na *plantation*, podemos afirmar:
   a) Eram muito bem alimentados, como dizia Gilberto Freyre.
   b) Recebiam, basicamente, moradia, alimentação e vestimenta precária.
   c) Trabalhavam normalmente 3 dias por semana em suas roças.
   d) Eram todos especializados, especialmente os artesãos.
   e) Não tinham metas de trabalho, ficando sempre até o anoitecer na mesma função.

3. Sendo a *plantation* uma das atividades econômicas mais ricas do tempo da sociedade escravista, podemos afirmar:
   a) Ela mesma providenciava os alimentos e outros produtos para suas necessidades durante todo o período em que vigorou a escravidão.

b) Havia uma série de estabelecimentos voltados para o abastecimento, que também atendiam às fazendas de exportação.
c) Os colonos consumiam, majoritariamente, frutas e derivados da cana.
d) Os alimentos eram todos vindos de Portugal.
e) Os senhores comiam sempre alimentos importados, enquanto os escravos comiam frutas e mandioca.

4. A escravidão, durante o período colonial, foi marcada:
   a) apenas por grandes fazendas, com grandes escravarias.
   b) por um número limitado de grandes fazendas, onde havia muitos escravos.
   c) por uma grande diversidade, mas com predomínio de unidades com até cinco escravos para boa parte dos produtos.
   d) por uma média de 80 escravos por unidade produtiva, uma das maiores do mundo.
   e) uma baixa taxa de mortalidade dos escravos, pois seu custo de aquisição era alto e havia investimentos do senhor para não perder mão de obra.

5. Sobre a escravidão no Brasil ao longo do século XIX, podemos afirmar:
   a) Foi lentamente sendo abandonada, de tal modo que não houve protestos de senhores com o avançar do século.
   b) Foi exatamente igual ao período colonial, sem mudanças nem incremento dessa mão de obra em novas culturas.
   c) Intensificou-se nas primeiras décadas do século XIX, especialmente com as culturas do café, do algodão e da cana.

d) Manteve-se como uma marca dos estados do Nordeste, além de Minas Gerais.
e) O trabalho dos escravos foi utilizado, basicamente, na mineração.

Atividades de aprendizagem

Questões para reflexão

1. O que comiam os escravos? Se pensarmos que a lavoura de exportação (açúcar, café, tabaco) era muito importante, precisamos pensar o que comiam os trabalhadores que produziam aqueles gêneros primários e o quanto eram importantes as pequenas unidades que se ocupavam da produção de alimentos. Você saberia explicar, com base no que foi exposto no capítulo, o fluxo entre quem produz e quem consume, tanto dos alimentos quanto dos produtos de exportação?

2. O que é ser "camponês"? Se um pequeno produtor que vive com sua família em um pequeno sítio possui escravos, podemos dizer que ele é um escravista ou um camponês que usa da mão de obra de escravos? Como você interpreta esse fato? Apresente seus argumentos e discuta com seus colegas.

Atividade aplicada: prática

1. Com base nos temas tratados no capítulo, elabore um plano de aula sobre a diversidade das unidades produtivas que empregavam a mão de obra dos escravizados. Não podemos ignorar que havia grandes fazendas que mantinham centenas de escravos, mas as pequenas unidades também devem ser consideradas. Pense em tudo isso no momento de elaborar seu plano.

Capítulo 5
A escravidão urbana

A escravidão é sempre lembrada como algo próprio do mundo rural no Brasil. Essa imagem, apesar de correta, é apenas uma parte da história. Há todo um universo urbano construído pelos escravos. Ele começou já durante o período colonial e avançou no tempo, tomando, no século XIX, as ruas das grandes cidades, como Rio de Janeiro e Salvador.

Na verdade, não é que os escravos foram tomando as ruas devagarzinho, eles as foram construindo. Tanto existiam espaços urbanos na história do Brasil, lá já estavam os escravos. Eles quase assistiram a fundação da primeira cidade, Salvador, que ocorreu em 1549. Os primeiros escravos teriam chegado um ano depois, nas embarcações da frota que trouxe Antonio de Oliveira. A escravidão não estava somente nas ruas; tampouco estava apenas na formação das cidades: o desenho das ruas foi tomando as formas do trabalho cotidiano dos cativos e a cidade foi sendo, assim, inventada por eles.

Neste capítulo, vamos analisar as cidades que os escravos construíram, bem como observar de perto o trabalho dos escravos urbanos: as quitandeiras, os chamados "negros de ganho", os quais faziam todo tipo de serviço, como cortar cabelo, carregar volumes ou, mesmo, ser um artesão altamente especializado. Trataremos também dos viajantes estrangeiros que deixaram seus relatos de estranhamento com o escravismo brasileiro e o quanto disso pode ajudar a explicar o Brasil do presente.

Não havia tarefa que os escravos não fizessem, e, nas cidades, isso era ainda mais visível. Eram eles que buscavam a água que abastecia as casas e também quem levava os restos das latrinas para os locais distantes. Eram eles também que enchiam as ruas das grandes cidades, como Salvador e Rio de Janeiro.

(5.1)
OS ESPAÇOS URBANOS
NO PERÍODO COLONIAL E A ESCRAVIDÃO

O cronista Gabriel Soares de Souza relembrou os primeiros momentos da cidade de Salvador, primeira capital do Brasil, em 1587. Ele dizia que, após a fundação por Tomé de Souza, em 1549, uma segunda frota aportou no ano seguinte, comandada por Antonio de Oliveira:

> *a quem mandava dar em dote de casamento os ofícios do governo da fazenda e justiça, com o que a cidade se foi enobrecendo, e com os escravos de Guiné, vacas e éguas que Sua Alteza mandou a esta nova cidade, para que se repartissem pelos moradores dela, e que pagassem o custo por seus soldos e ordenados.* (Souza, 1851, p. 130)

Os escravos surgiram, então, em meio à formação da cidade. Em 1587, o mesmo cronista contava como estava disposta a cidade, e sobre sua população:

> *Terá esta cidade oitocentos vizinhos, pouco mais ou menos, e por fora dela, em todos os recôncavos da Bahia, haverá mais de dois mil vizinhos, dentre os quais e os da cidade se pode ajuntar, quando cumprir, quinhentos homens de cavalo e mais dois mil de pé [...]. Está no meio desta cidade uma honesta praça, em que correm touros quando convém, na qual estão da banda do sul umas nobres casas, em que se agasalham os governadores, e da banda do norte tem as casas do negócio da Fazenda, alfândega e armazéns; e da parte de leste tem a casa da Câmara, cadeia e outras casas de moradores[...].* (Souza, 1851, p. 134)

Em caso de ataque, a presença portuguesa seria defendida também com o apoio de escravos, "de entre os quais podem sair dez mil escravos de peleja, a saber: quatro mil pretos de Guiné, e seis mil índios da terra, mui bons flecheiros, que juntos com a gente da cidade se fará mui arrazoado exército" (Souza, 1851, p. 140-141). É certo que os cativos estavam espalhados pelo recôncavo da Baía de Todos-os-Santos, mas urbano e rural ainda eram muito próximos nessas primeiras décadas e se foram separando muito lentamente ao longo dos séculos. Mesmo que se tratasse de um exagero, já havia uma grande quantidade de escravos andando pelas ruas de Salvador na época. Pesquisas recentes, como a de Dayane Augusta da Silva, mostram como eram os escravos que conectavam grupos muito diferentes dentro da sociedade da época. Ao realizar seus trabalhos, acabavam se deslocando, interagindo e portando notícias e histórias ao longo das ruas. Também sabemos, por pesquisas como as de Moraes e Carvalho (2016) e Silva (2014) que os escravos se movimentavam bastante bem pelo recôncavo da Baía de Todos-os-Santos já no final do século XVI.

Ainda sobre o século XVI, a ocupação urbana portuguesa no Brasil ainda era pequena se comparada com os períodos posteriores. Havia apenas 22 vilas em todo o território. Outras 40 foram fundadas ao longo do século XVII. No século XVIII, temos um avanço efetivo, com a fundação de mais de 160 vilas, muito em função do crescimento provocado pela mineração no Sudeste e no Centro-Oeste, mas também pela incorporação de dezenas de aldeias indígenas no Norte e no Nordeste. Ao final do período colonial, havia aproximadamente 230 vilas, a maior parte no Nordeste, Norte e Sudeste (Gil; Barleta, 2016).

Vejamos esse movimento nos mapas a seguir.

Mapa 5.1 – Vilas e cidades do Brasil nos séculos XVI e XVII

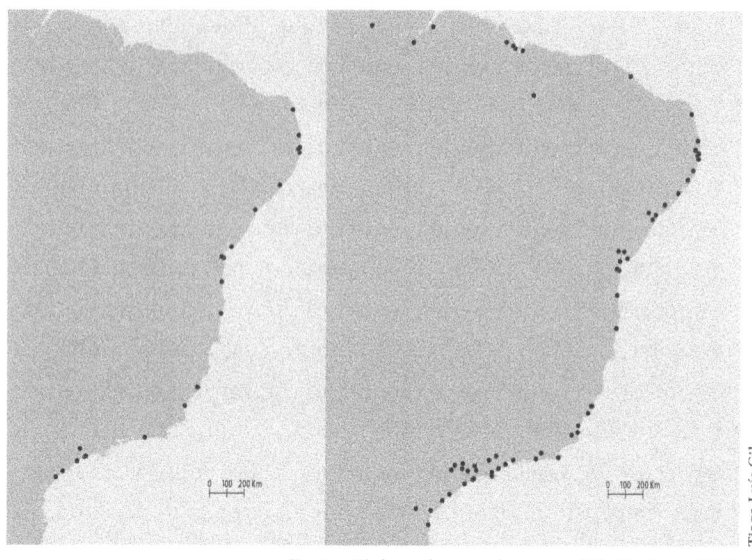

Fonte: Elaborado com base em Gil; Barleta, 2016.

Ainda no século XVI, eram poucas as cidades ou as vilas coloniais que dispunham de um significativo número de escravos de origem africana. O começo da colonização mobilizava, acima de tudo, o trabalho dos escravos indígenas, que eram amplamente empregados em São Paulo, Rio de Janeiro e mesmo na Bahia, onde já havia um bom número de escravizados vindos do outro lado do Atlântico.

No século XVII, houve uma significativa mudança. Não que os escravos indígenas tenham desaparecido. Na verdade, seguiram sendo empregados nas regiões de "conquista", na medida que iam sendo expulsos de suas terras. Contudo, cada vez mais escravos africanos aportavam no Brasil, e parte expressiva deles ia para as grandes cidades, a enorme maioria delas costeiras, como se vê no mapa a seguir, voltadas para o oceano que ligava os dois continentes.

Mapa 5.2 – Vilas e cidades do Brasil no século XVII

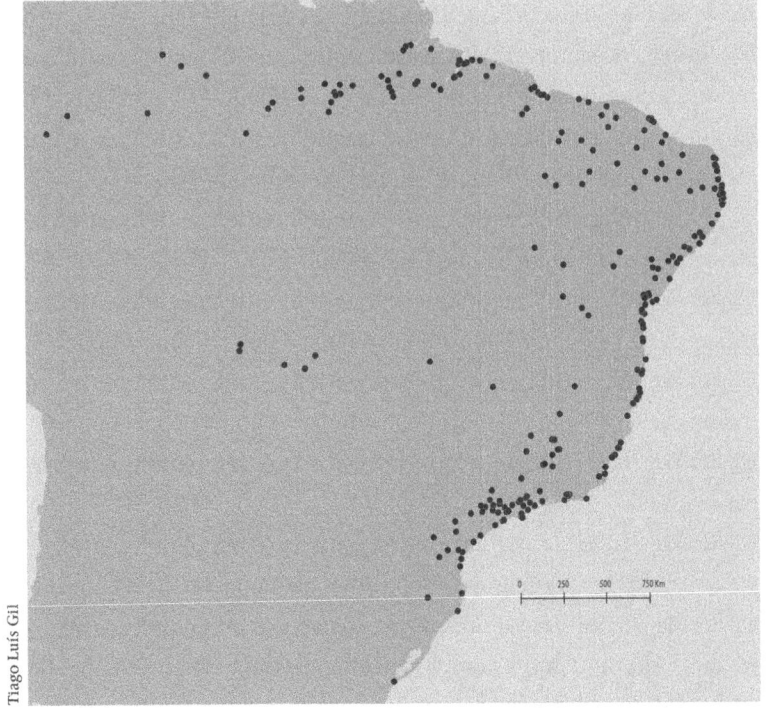

Fonte: Elaborado com base em Gil; Barleta, 2016.

Já no século XVII, encontramos os escravos atuando de modo muito visível pelas ruas das cidades. Em meados desse século, as quitandeiras mantinham suas bancas no Terreiro do Ó, mais tarde conhecido como *Largo do Paço*, ponto central do Rio de Janeiro de então e mesmo do atual (Farias, 2012, p. 32).

Foi no século XVIII, contudo, que os escravos começaram a se tornar cada vez mais frequentes no mundo urbano. Isso não é surpreendente, pois,

> Foi no século XVIII que os escravos começaram a se tornar cada vez mais frequentes no mundo urbano.

considerando os custos de aquisição dos cativos, seu emprego costumava ser feito prioritariamente nas atividades mais rentáveis e, com o aumento do comércio dos grandes portos, as cidades passaram a ter um número cada vez maior deles. As atividades urbanas só começaram a se tornar mais frequentes no momento em que houve um crescimento demográfico que criou uma demanda por elas.

E que atividades seriam essas? Na maior parte dos casos, os escravos urbanos tratavam de duas coisas: serviços e artesanato. Os serviços incluíam uma gama muito grande de possibilidades. Vender coisas pelas ruas, como faziam as quitandeiras, era uma forma bastante comum, mas também podiam cortar cabelos, consertar coisas e oferecer serviços de carregador. Eram todas atividades necessárias e cada vez mais demandadas nas cidades, que não paravam de crescer (Santos, 2012).

O artesanato era outra forma comum de trabalho entre os escravos. Não devemos imaginar essa atividade como ela é hoje, muito associada ao universo da decoração. Devemos entender esse ofício, naquela época, como a principal forma de produção de objetos de uso cotidiano. Sapateiros, ferreiros, costureiros, marceneiros, carpinteiros, barbeiros e até cirurgiões eram considerados mestres de ofício no artesanato. Devemos lembrar que a indústria – criação que engatinhava no século XVIII – ainda não existia no Brasil e que, para produzir as roupas, por exemplo, havia a necessidade de recorrer a um costureiro ou a um alfaiate. Não havia roupas prontas para comprar e tudo era feito sob medida. Os escravos atuavam com forte participação no artesanato, muitos como aprendizes, outros tantos como mestres de ofício (Farias et al., 2006).

Em meados do século XVIII, as "quitandeiras", mulheres de origem africana, muitas das quais escravas, já contavam com uma presença secular nas ruas do centro do Rio de Janeiro. Em 1776, por exemplo, enviaram uma carta à Câmara daquela cidade fazendo uma reclamação. Elas haviam sido expulsas de seu local habitual, o Largo do Paço (hoje Praça 15 de Novembro), e não estavam nada satisfeitas com essa medida. Após sua mobilização, acabaram vitoriosas e retornaram ao seu comércio de quitandas, que ficava sempre próximo ao mercado do peixe (Soares; Gomes, 2002).

As grandes cidades, como Salvador e o Rio de Janeiro, ostentavam essa intensa atividade de escravos com seus tabuleiros de venda. Todavia, esse movimento não era privilégio delas. Havia uma grande quantidade de escravos urbanos em todos os cantos do Brasil. Em Porto Alegre, por exemplo, a população escrava variou entre 30% e 40% nos últimos anos do século XVIII, logo após a fundação do povoado, e a propriedade de escravos estava bastante difundida (Gomes, 2011, 2010).

Em Curitiba, também no final do século XVIII, os escravos compunham, geralmente, mais de 20% do total da população. Castro, vila próxima, mantinha um número semelhante. Sorocaba, em 1790, tinha aproximadamente 17% de escravos. É certo que esses números misturam dados de escravos das áreas rurais dessas cidades, mas a escravidão em todas elas estava longe do modelo da *plantation*, ou seja, do mundo mais conhecido da escravidão rural (São Paulo, 2018).

(5.2)
As cidades e os escravos no século XIX

O século XIX assistiu a um grande crescimento no número de municípios no Brasil. De aproximadamente 230 vilas e cidades por volta de 1808, o país contava com cerca de 641 cidades em 1872. Na época, o país era dividido em províncias, não em Estados. As províncias que mais tiveram crescimento em número de cidades foram Goiás, Rio

Grande do Sul, Pernambuco e Minas Gerais. Apenas três províncias, contudo, ultrapassavam a marca de 70 municípios: Minas Gerais, São Paulo e Bahia.

Não há como deixar de associar estes três grandes espaços com dois produtos de exportação em particular: o **café**, no caso de São Paulo e Minas, e o **cacau**, no caso da Bahia. Mesmo o Rio de Janeiro, uma província de área territorial inferior aos outros, aumentou o número de municípios em 300%, também devido à produção de café que começou ainda no final do século XVIII. Não deixa de ser relevante o fato de as províncias mais escravistas do país, Minas Gerais e Rio de Janeiro, andarem às voltas com o café, além de São Paulo, que também mantinha uma expressiva escravaria. Bahia, com o cacau, e Pernambuco, com a cana de açúcar, também estavam entre as regiões mais escravistas do Brasil (Brasil, 1872).

Assim como as províncias, também as cidades inflaram muito – e, com elas, aumentou a população escrava. Uma das cidades que mais ganhou corpo foi o Rio de Janeiro, que já vinha numa forte expansão desde o século XVIII, provocada por vários fatores, com destaque para o abastecimento das Minas. O Rio de Janeiro cresceu ainda mais no século XIX, e até meados do século sua população escrava se multiplicou em um forte ritmo. O crescimento populacional no século XIX teve seu ponto de disparada com a instalação da família Real, em 1808. Entre 1790 e 1821, a cidade triplicou de tamanho e isso teve motivações econômicas e políticas, como a presença da cabeça do Império Luso em terras americanas. Entre o final do século XVIII e meados do século XIX, a cidade aumentou sete vezes, muito disso devido ao contínuo ingresso de escravos e ao fato de ser a maior intermediária de escravos entre a África e o interior do Brasil na primeira metade do século XIX.

Vejamos esse crescimento no gráfico a seguir.

Gráfico 5.1 – Mudanças na população da cidade do Rio de Janeiro entre fins do século XVIII e fins do século XIX (com dados para livres e escravos)

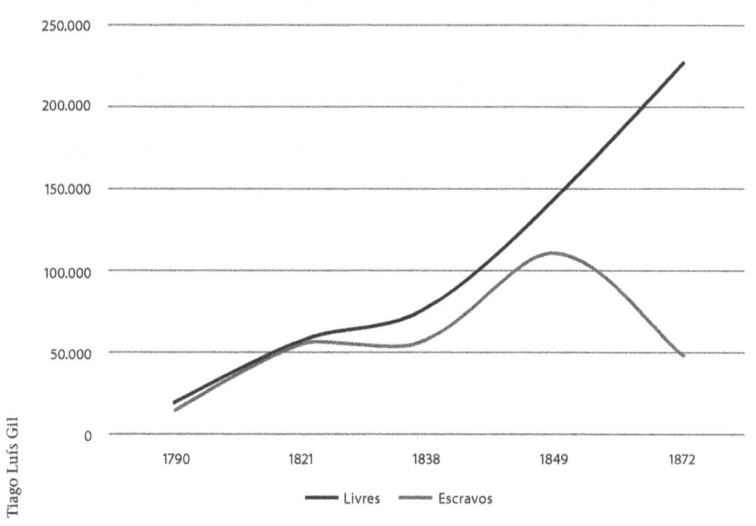

[Gráfico de linhas com eixo Y de 0 a 250.000 e eixo X com anos: 1790, 1821, 1838, 1849, 1872. Linhas: Livres e Escravos.]

Fonte: Elaborado com base em Florentino, 2002.

Nos dizeres de Marilene Rosa Nogueira da Silva (1988, p. 85):

A escravidão e a cidade adaptavam-se uma a outra. As relações tradicionais modificavam-se, e o Estado tentava por ordem na casa. Criavam-se posturas, organizava-se a repressão, os acordos efetuavam-se à margem da lei. É necessária a convivência, é necessária a escravidão para a cidade, é necessário garantir o sistema.

Em São Paulo, uma localidade bem menor e menos importante, a experiência escrava africana também se fazia presente. O núcleo urbano paulista não cresceu durante a primeira metade do século XIX. Seu crescimento só se fez sentir na segunda metade, muito em função da chegada do café, que mudou radicalmente o perfil produtivo de toda a província. Contudo, quando São Paulo começava a decolar,

a presença escrava começou a cair, muito em função do final do tráfico e da forma como o interior cafeeiro estava sugando toda a força de trabalho.
Vejamos o gráfico a seguir para avaliar esse movimento.

Gráfico 5.2 – Mudanças na população da Cidade de São Paulo entre fins do século XVIII e fins do século XIX (com dados para livres e escravos)

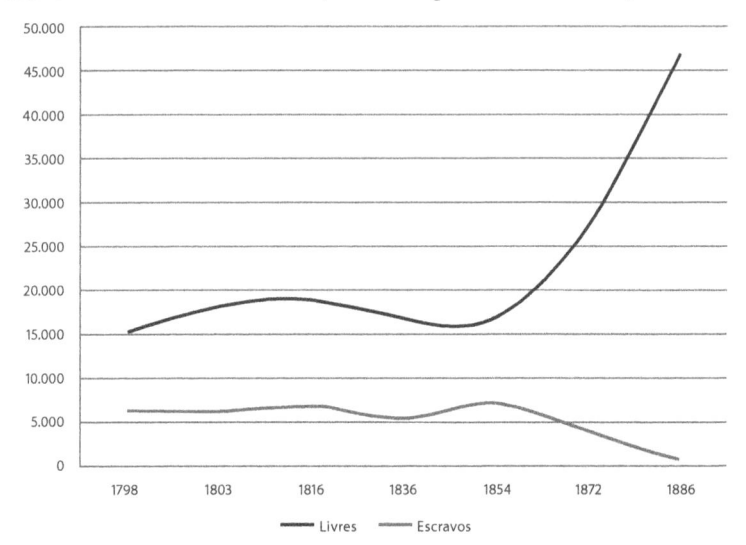

Fonte: Elaborado com base em Machado, 2004.

Os números apresentados nos falam sobre a forte presença dos escravos na vida das cidades. Essa não era, contudo, a única marca deles. Tampouco era apenas o trabalho nas ruas, os escravos de ganho, que marcava a dinâmica das cidades escravistas. Africanos e seus descendentes construíram outras muitas marcas no cotidiano dos núcleos urbanos. As mais frequentes e visuais eram as manifestações religiosas, especialmente aquelas ligadas às irmandades, como a Irmandade de Nossa Senhora do Rosário, ou do *Rosário dos Pretos*, como muitas vezes fora chamada, numa referência clara ao fato de estar próxima daqueles que estiveram – ou ainda estavam – sob cativeiro. Elas estavam em todas as partes, quase sempre presentes nos maiores núcleos urbanos (Farias, 2012).

> As irmandades do Rosário estavam presentes havia muito tempo. No caso de Salvador, por exemplo, a "Irmandade de Nossa Senhora do Rosário dos Pretos das Portas do Carmo" estava assentada desde 1685, fruto da interação contínua de escravos ditos "crioulos"" (nascidos no Brasil), jeje e angola. Ou seja, eram associações que integravam escravizados de origens muito diferentes, tanto vindos de regiões muito distintas da África como aqueles já nascidos no Brasil e, por isso, já conhecedores dos códigos sociais e dos espaços disponíveis para ação. As irmandades do Rosário eram identitárias e não tinham, necessariamente, relação com o mundo do trabalho, ainda que esse tema nunca ficasse de fora. Ali se reuniam também libertos ou filhos de libertos – distinção que, no mundo do escravismo, era fundamental, degraus importantes da escala social – que tinham algum engajamento com as práticas da associação.

As irmandades do Rosário não eram as únicas que acolhiam a comunidade escrava ou liberta. As irmandades de Santo Elesbão e de Santa Efigênia eram igualmente importantes e muito queridas por escravos, libertos ou seus descendentes. Era por meio desse tipo de organização que os escravos construíam ou reconstruíam identidades, muitas vezes carregadas de valores culturais que mesclavam elementos gerais das tradições da África Ocidental com aqueles de origem banto, ou seja, do Congo e de Angola. Ainda que cada uma dessas categorias seja tão grande e apresente tanta diversidade em seu interior, a diferença que apresentavam entre si era tão significativa que permitiu, muitas vezes, conflitos bastante sérios entre os chamados *mina*, escravos de origens diversas embarcados na África ocidental, e os *angola*, embarcados nos portos de Luanda, Benguela ou Cabinda (Monteiro, 2013).

Como disse Lívia Monteiro (2013, p. 3), baseando-se no trabalho de Marina de Mello e Souza:

O culto aos santos católicos, no período colonial, era uma forma dos escravos africanos utilizarem o espaço público e se organizarem através das irmandades, [...]; a coroação dos reis negros ocorria com a eleição dos reis e as festividades com danças e ritmos nos diversos espaços da América portuguesa e as festas promoviam a recriação dos laços comunitários destituídos pelo tráfico.

Esses cultos tinham uma manifestação especial: a eleição dos reis e rainhas de *congadas*, festas muito vistosas realizadas com ampla participação de escravos e libertos, sempre com requinte visual – uma forma teatral, como disse Ynae Lopes dos Santos (2012), de ocupação dos espaços urbanos pelos escravos, que permitia a eles recriar o universo africano no novo mundo.

Figura 5.1 – *Coroação da Rainha negra na festa de Reis*, de Carlos Julião

Fonte: Julião, Carlos. [Coroação da Rainha negra na festa de Reis]. Localização: Iconografia – icon30306_072.

Nessa imagem, podemos ver algumas dessas manifestações, representadas por Carlos Julião, pintor do século XVIII. Nela, podemos observar o universo rico das manifestações religiosas de origem africana.

Figura 5.2 – *Coroação de um Rei negro nos festejos de Reis no Rio de Janeiro*, de Carlos Julião

Fonte: Julião, Carlos. [Coroação de um Rei negro na festa de Reis]. Localização: Iconografia – icon30306_074.

A hábil mão de Julião contribuía para captar o movimento e o ritmo presentes nestas cerimônias, nas quais escravos e libertos estavam ricamente vestidos[1].

---

1 Para ver mais sobre as vestimentas dos escravos, consulte o texto Impressões sobre os trajes dos cativos no Brasil dos séculos XVIII e XIX: entre trapos e rendas *(Viotti, 2016)*.

(5.3)
Os chamados "Negros de ganho"

As cidades estavam cheias deles. Os "negros de ganho", "ao ganho" ou "ganhadores" eram escravos empregados nas mais diversas atividades: barbeiros, vendedores, carregadores, oficiais de carpinteiro, pedreiro e outros tantos. O que fazia, então, com que trabalhadores escravos empregados em atividades tão díspares fossem rotulados com o mesmo adjetivo? O fato de que eram contratados para esses serviços e a renda ia, predominantemente, para seus senhores, ainda que parte expressiva pudesse ficar nas mãos dos escravos. Por isso o nome *ganho*, pois eles dependiam do que ganhassem em sua labuta.

As formas de contratação eram muito diversas e, muitas vezes, era o próprio escravo que deveria se encarregar de conseguir serviço. Muitos dos escravos de ganho atuavam como vendedores: recebiam uma quota de mercadorias de seu senhor, que os despachava para as ruas da cidade. Ali deveriam vender uma meta, que poderia ser diária ou semanal, dependendo do acordo com seu senhor. A falta da venda cobrada poderia ocasionar a punição do escravo com castigos físicos.

A prática do ganho ou, de modo geral, o aluguel de escravos já existia no período colonial. Contudo, foi no século XIX que ela assumiu uma posição destacada como atividade. Conforme as cidades iam crescendo, a demanda pelos serviços dos escravos também crescia. Foi de tal monta o crescimento que muitas cidades foram criando regras para sua prática. No Rio de Janeiro, por exemplo, foram criadas "posturas" para os escravos em 1838, as quais previam que, para a atividade de "ganho" pelas ruas da cidade, deveria ser solicitada uma licença à Câmara Municipal.

O documento previa que:

Ninguém poderá ter escravos ao ganho sem tirar licença da Câmara Municipal, recebendo com a licença uma chapa de metal numerada, a qual deverá andar sempre com o ganhador em lugar visível. O que foi encontrado a ganhar sem a chapa, sofrerá 8 dias de Calabouço, sendo escravo, e sendo livre 8 dias de cadeia. (Arquivo Geral da Cidade do Rio de Janeiro, citado por Silva, 1988, p. 112)

O trecho citado nos fala muitas coisas. A primeira é que a prática do ganho era bastante difundida, ao ponto de ser considerada necessária sua regulação pelas autoridades municipais. Tanto era assim que foi considerada necessária uma identificação individual para que fiscais pudessem controlar quem tinha ou não licença. O texto mostra também que as expressões *ganho* e *ganhador* não eram apenas de uso popular, mas suficientemente reconhecidas para entrar no vocabulário oficial. Não podemos pensar, tampouco, que a atividade de "ganho" fosse uma forma de trabalho informal, fora do sistema. Era uma atividade regulada e controlada, em perfeita consonância com o universo escravista.

Os escravos de ganho não eram todos iguais, ainda que a expressão tenda a criar uma imagem homogênea. Como já dissemos, eles faziam as mais diversas atividades e estavam submetidos aos mais diversos acordos com seus senhores. Seu grau de autonomia no cotidiano da cidade também era variado. Muitos, até por conta de sua atividade, acabavam circulando normalmente pelas ruas da cidade com uma única obrigação: voltar para a casa do seu senhor ao final do dia (ou de algum outro prazo estabelecido) com uma cota mínima para entregar a ele. Outros tantos ficavam sob os olhos senhoriais, morando nos fundos das lojas, atendendo a demanda de serviços que poderiam ser negociados entre os senhores.

Tudo isso tinha relação direta com a natureza do trabalho, além do espaço de negociação entre escravo e senhor. É certo que o escravo era a parte mais frágil da relação, pois poderia até mesmo sofrer castigos físicos, como de fato ocorriam. Todavia, ele também tinha suas armas, baseadas na qualidade e na velocidade do seu trabalho e nas relações que poderia criar para defendê-lo junto com as pessoas livres.

Havia "ganhadores" que atuavam na atividade de carregamento, tanto pelas ruas da cidade, onde havia uma demanda contínua por esse serviço, quanto no cais do porto, na função de estivador. A mais desagradável dessas funções, provavelmente, era aquela feita pelos chamados *tigres*, que levavam lixo e dejetos sanitários para fora da casa das pessoas, atravessando as ruas das cidades para chegar até o mar, onde os excrementos eram despejados. Outro serviço importante, também referente ao mundo sanitário, era o abastecimento de água. Muitos escravos viviam de recolher água nas fontes e entregar nas casas. Esse tipo de serviço, em épocas de estiagem, poderia dar bons rendimentos aos "ganhadores".

Além destes, havia o serviço mais bem remunerado de todos os escravos de ganho carregadores: aquele na alfândega, que consistia em levar as cargas dos navios aos armazéns, ou o trajeto contrário. Além disso, não eram poucos os homens livres que alugavam os serviços de um escravo de ganho para carregar pequenos volumes, os quais eles mesmos poderiam levar sem qualquer impedimento. É que, em uma sociedade escravista, um dos códigos de liberdade ou de posição social era justamente carregar peso. Homens livres desprezavam essa circunstância e procuravam, o quanto podiam, fazer com que alguém carregasse suas coisas: uma mala de ferramentas, um pequeno pacote, entre outras. Veremos um pouco mais sobre isso nos relatos feitos por viajantes, que obviamente estranhavam essas práticas.

Era comum que os carregadores, nos momentos em que não tinham peso para levar, estivessem ocupados com outras tarefas que não dependessem de continuidade imediata, ou seja, que pudessem parar para atender algum chamado. Assim era com o artesanato, especialmente tecendo palha, armando telas de arame ou fabricando esteiras ou chapéus. Isso não quer dizer que todos os carregadores se ocupassem disso ou que todos os escravos artesãos eram, também, carregadores, mas somente que as duas funções eram compatíveis. Havia – e em bom número – muitos escravos artesãos que preparavam artefatos de grande qualidade, não sendo apenas um complemento para atingir sua cota diária ou semanal.

Outros tantos trabalhavam como remadores das numerosas embarcações que uniam o porto aos navios, umas das principais formas de carregar e descarregar os barcos que vinham de longe. Outros trabalhavam pelas ruas cortando cabelos ou fazendo barbas por dinheiro. Muitas escravas trabalhavam como lavadeiras ou vendedoras de alimentos pelas ruas. Muitos escravos eram alugados para os serviços de carpinteiro, pedreiro ou de construção em geral. Até mesmo escravos com habilidades em gráficas tinham seus serviços alugados, como nos faz perceber um anúncio de "ganhador" em uma edição de 1827 do *Jornal do Commércio*: "Aluga-se hum moleque, que sabe trabalhar em typographia na qualidade de batedor que o pretender dirigir-se a rua dos pescadores" (Silva, 1988, p. 126).

Um pouco mais distante da realidade presente era o trabalho dos "cirurgiões negros", que atuavam também como barbeiros, como era comum na época. Uma de suas terapias mais comuns era a aplicação de sanguessugas, com as ventosas, para remover impurezas do sangue, prática muito aceita pela medicina do período e feita também por médicos de consultório. Além disso, muitos também usavam de benzeduras, ervas e talismãs em suas práticas de cura, rivalizando com a medicina tradicional (Silva, 1988).

De qualquer maneira, os "ganhadores" tinham essa característica de dispor de certa liberdade em um mundo de restrições. Mas isso não quer dizer que fosse algo próximo da liberdade do mundo daqueles que nasceram livres. Todos os dias eles deveriam apresentar os frutos do seu trabalho. Alguns deveriam entregar 200 réis, outros, 400; alguns outros, ainda mais. Isso variava conforme o acerto com o senhor. Boa parte desse dinheiro, em alguns casos a metade, era gasta no próprio sustento, alimentação e outros gastos, sendo que, muitas vezes, um escravo de ganho carregador, por exemplo, recorria a uma escrava de ganho que vendesse peixe frito para fazer seu almoço. Havia, ainda, um outro gasto que não era para se desconsiderar: o aluguel. Muitos escravos alugavam quartos ou algum canto para passar a noite. Era algo controlado pela Câmara, inclusive, e os senhores que quisessem evitar multas precisavam pedir permissão para que seus escravos alugassem algum lugar. Nisso já se ia, também, uma parte das rendas. E os locais disponíveis costumavam ficar entre os menos adequados para viver (Silva, 1988).

O que o escravo conseguisse economizar, salvando seus vinténs da alimentação, da moradia ou outros gastos, inclusive de alguns prazeres, como poderiam ser a bebida e o jogo, ele poderia reter como um *pecúlio*. Era como se chamavam as economias dos escravos. Há uma lei de 1871 que legalizou essa prática, a qual já era feita muito tempo antes. Era relativamente comum que escravos de ganho tivessem seu dinheiro, que poderia ser usado na própria liberdade ou naquela de pessoas próximas queridas, como geralmente ocorria com os filhos (Silva, 1988).

Essa renda obtida pelos escravos não era um salário, ainda que parecesse. O acordo era que o escravo deveria pagar uma cota ao senhor, mas se ele não obtivesse sucesso em seus negócios, era ele quem arcava com todas as dificuldades e, talvez, ainda apanhasse. De qualquer maneira, não deixava de ser uma pequena brecha no sistema, algo que contradizia a própria escravidão dentro dela. Ao final, percebemos que, mesmo livre para circular, o "ganhador" estava preso à trama social que o mantinha dentro de limites muito claros e com obrigações muito duras, tudo isso em um ambiente que não era nada fácil.

(5.4)
"Ganhadeiras" e quitandeiras e seus espaços de atuação

As quitandeiras eram também personagens que enriqueciam as ruas das cidades do Brasil no século XIX. O termo *quitanda* é de origem quimbundu, ainda que seja muito comum em todas as línguas chamadas *bantu*, especialmente em Angola. Nesse país africano, assim como no Brasil, eram as mulheres que vendiam seus produtos pelas ruas, ainda que seja possível falar de quitandeiros homens atuando no lado leste do Atlântico, enquanto na África se trata de empreendimento exclusivamente feminino. Chama a atenção, contudo, que, apesar da origem em Angola, muitas mulheres de origem mina acabaram se destacando nessa atividade (Soares; Gomes, 2002; Farias, 2012; Figueiredo, 1993).

As quitandeiras mantinham alguma diferença das "ganhadeiras", que também vendiam alimentos pelas ruas: as quitandas eram fixas em algum ponto da cidade, enquanto as "ganhadeiras" vendiam as comidas que levavam consigo, de modo ambulante, quase sempre na cabeça. Na cidade de Salvador, por exemplo, no século XIX, houve um momento em que foi proibida a venda de alimentos em barracas na região do Passeio da Vitória, salvo se "em cabeças de ganhadeiras", as quais não atrapalhariam a circulação, ao contrário daquelas que usavam esteiras para expor seus produtos (Graham, 2013, p. 69). As vendedoras circulavam pela cidade vendendo todo tipo de mercadoria: leite e pão, frutas, tecidos, roupas, fitas e linhas, além de lenços e sapatos que também estavam na lista de mercadorias. Mas não há qualquer dúvida sobre o principal meio de subsistência: a venda de alimentos. Eram vendidos desde os produtos mais básicos, como farinha de mandioca, feijão e carne seca, até produtos mais perecíveis, como o já mencionado leite, além de ovos, carne fresca e peixe. Estes dois últimos eram acompanhados de perto pela regulação oficial, que frequentemente lançava ordens estabelecendo a rotina de sua venda. Muito das vendas também respondia pela comercialização de hortaliças, especialmente alface, repolho, quiabo, vagens, pepino e cebola, além de diversas frutas da estação (Graham, 2013).

Além dos alimentos *in natura*, era comum que as vendedoras "ganhadeiras" também vendessem comidas prontas, ainda que esta fosse uma função muito mais comum para as "quitandeiras". Era comum venderem carne assada servida em pedaços, além de carne de porco cozida, linguiça e peixe frito ou assado. Na Bahia, por exemplo, essa lista se enriquecia com carurus, vatapás, pamonhas, canjica, acarajés e outros pratos locais, que tinham muito da herança africana em sua receita e seu preparo.

Além das vendedoras ambulantes, estavam as célebres quitandeiras. Elas tinham lugar definido para exibir seus produtos, muitas vezes usando estruturas de madeira. Na Cidade de Salvador, por exemplo, havia três locais estabelecidos para o comércio de quitandas: a Cidade Baixa, o Terreiro de Jesus e a lateral da Igreja de São Bento. Neste último lugar, a própria Câmara da Cidade havia construído barracas para alugar às quitandeiras, desde o final do século XVIII.

De modo geral, a distribuição dos pontos de quitandas acabava atendendo bem o conjunto da cidade (Graham, 2013). O mapa a seguir localiza as principais áreas de quitanda em Salvador, confirmando a opinião de Graham (2013).

Mapa 5.3 – Lugares de quitanda na cidade de Salvador

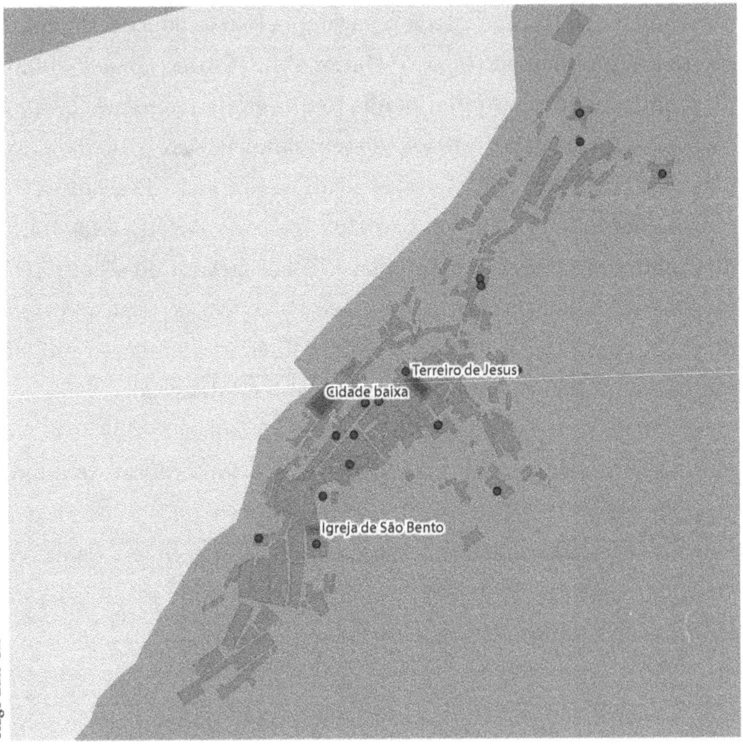

Tiago Luís Gil

Fonte: Elaborado com base em Graham, 2013.

No Rio de Janeiro havia também uma regulação sobre os lugares de quitanda. Desde o século XVII havia o mercado de quitandas na Praia do Peixe, no posterior Largo do Paço (atual Praça XV de

Novembro). Esse mercado ainda existia em 1776, quando o juiz de fora[2] tentou, sem muito sucesso, proibir sua existência por conta do tumulto que provocava. As quitandeiras, organizadas, conseguiram resistir e ali ficaram ainda por muitos anos. A avaliação da Câmara, em defesa delas, ressaltava a importância das vendedoras para o abastecimento da cidade: "se ter dado assaz conhecer o quanto é sensível a falta delas na citada paragem, pelo não pouco incômodo que tem experimentado o povo" (Farias, 2012; Soares; Gomes, 2002).

Com o tempo, as quitandeiras foram gradativamente levadas para a Rua do Mercado, estendendo seus tabuleiros até o Rio da Viola, ocupando um espaço de algumas quadras. No início do século XIX, havia quitandas também no Largo da Igreja do Rosário e na Praça do Capim (que hoje não existe mais). Já em meados do século XIX, foi construído um novo mercado, mais moderno, de volta ao Largo do Paço, para onde a maior parte do comércio popular – do qual participavam as mercadoras de quitandas – foi deslocado.

No mapa a seguir podemos observar a localização dos diversos espaços onde a quitanda era frequente, variando, conforme os arranjos políticos possíveis para as quitandeiras, entre o Largo do Paço e a Rua do Mercado, mais na costa, e a Praça do Capim e a Igreja do Rosário, mais para o interior. Vale lembrar que tudo isso, hoje, são áreas muito centrais da cidade do Rio de Janeiro.

---

2   *Magistrado indicado pelo rei para atuar em uma povoação, que o fazia em casos onde era necessário, pois o responsável pela justiça seria um "juiz ordinário", eleito pela Câmara.*

Mapa 5.4 – Lugares de quitanda na cidade do Rio de Janeiro

Rua do Mercado
Praça do Capim
Largo do Paço
Igreja N. Senhora do Rosário

Fonte: Elaborado com base em Santos, 2012.

Ao redor dos espaços de atuação das quitandeiras, apresentava-se outro cenário relevante para suas vidas: as condições de moradia. Tal como ocorria com os "ganhadores", as quitandeiras acabavam dependendo de aluguel de pequenas peças ou de cantos para dormir, em boa parte das vezes, apenas com um pequeno espaço para estender uma esteira ou um tecido, quase que dormindo no chão. Como disse Richard Graham (2013, p. 78), falando das condições de vida das vendedoras de Salvador, elas viviam: "amontoadas em cômodos logo abaixo do nível da rua, com pequenas janelas que asseguravam um pouco de ventilação e mal permitiam ver os pés dos passantes. Tipicamente, esses espaços alugados não tinham paredes divisórias, só o chão nu". Cenário semelhante ocorria no Rio de Janeiro, onde essas condições eram evidenciadas pelas péssimas condições de saúde da escravaria de ganho, que se aglomerava nos chamados *cortiços*, tal como aquele retratado na obra homônima de Aluísio de Azevedo (Silva, 1988).

Ainda que boa parte das vendedoras fossem ambulantes ou quitandeiras, estivessem sempre em condições muito difíceis, com grandes asperezas na obtenção de sua cota diárias de algumas centenas de réis, há diversos casos de enriquecimento nesse ofício. Graham (2013) menciona um caso em especial, na cidade de Salvador, vivenciado por Ana de São José da Trindade. Tendo vindo da África na condição de escravizada, acabou obtendo recursos para comprar sua liberdade, dando em pagamento outra escrava e mais alguma quantia. Depois disso, conseguiu juntar dinheiro para comprar escravos para si, além de uma grande quantia em joias e imóveis. Casos semelhantes foram encontrados por outros tantos historiadores, em várias partes do país, tanto no século XIX como no XVIII (Graham, 2013; Figueiredo, 1993).

Você provavelmente deve estar se indagando o quanto de contraditório talvez seja uma ex-escrava ter escravos. Todavia, na verdade, no mundo do século XIX, a escravidão parecia algo tão natural que mesmo os agora libertos acabavam "entrando no jogo". A abolição parecia algo distante demais e Ana era filha de seu tempo, assim como tantas outras como ela.

(5.5)
A ESCRAVIDÃO URBANA VISTA POR VIAJANTES E PELA LITERATURA

A visão dos viajantes sobre as cidades do Brasil no século XIX pode nos ajudar a pensar duas vezes antes de aceitar os dados estatísticos feitos com fontes da época. Se vamos utilizar apenas esses números, pensaremos que apenas homens atuavam como escravos de ganho, enquanto as mulheres, em número bem menor, eram apenas quitandeiras. Essa visão passa longe daquilo que é relatado pelos viajantes, que salientavam a forte presença feminina em todos os cantos das cidades (Silva, 1988, Soares; Gomes, 2002). Considerando que boa parte dos viajantes que deixou algum relato sobre a escravidão urbana era composta por estrangeiros, muito do que narravam era fruto de estranhamentos, de coisas que os brasileiros tinham por natural e comum, mas que causava desconforto aos forasteiros. Há muito de preconceito nessas avaliações, certamente, mas há também uma descrição de algumas das mais profundas características do escravismo, que eram tão normais para os escravos e senhores locais que nunca as pensariam como dignas de nota.

Comecemos com Thomas Ewbank, que andou pelo Brasil, mais particularmente pelas ruas do Rio de Janeiro, entre janeiro e maio de 1846. Ele era um importante industrial, com interesses em ciências de modo geral. É provável que essa última característica tenha contribuído para seu interesse em deixar um relato como o que fez em *A vida no Brasil*. No dia 21 de março, um sábado chuvoso, Ewbank avaliou que "sem poder sair – eis uma oportunidade favorável para redigir algumas notas sobre a mão-de-obra e as profissões mecânicas" (Ewbank, 1973, p. 179).

Antes de continuar, convém lembrar que as "profissões mecânicas", como nos conta o viajante, eram uma forma de fazer referência ao trabalho braçal, não necessariamente pesado, mas com o uso das mãos. As sociedades de Antigo Regime, como costumamos classificar as culturas baseadas na aristocracia, manifestam um grande desprezo pelas pessoas que usavam as mãos para trabalhar. Isso se acirrou no Brasil escravista. Se usar as mãos para trabalhar era malvisto na Europa que já começava, lentamente, a mudar sua forma de ver o mundo, no Brasil, com os escravos sendo usados para o trabalho, isso tomou uma força extraordinária. Como menciona Amaral (2006, p. 74): "O trabalho manual degradaria seu praticante, dado o caráter hierarquizante daquela sociedade".

Ewbank (1973, p. 179) ficou impressionado com as relações de trabalho no Brasil e percebeu que o problema era muito mais profundo: "A inevitável tendência da escravidão por toda a parte é tornar o trabalho uma atividade desonrosa", avaliou ele, argumentando que a "escravidão negra é regra no Brasil, e os brasileiros se retraem como que horrorizados ante qualquer emprego manual", captando com exatidão aquela aversão ao tal trabalho "mecânico" de que falamos há pouco. Mas ele não parou por aí. Segundo esse autor, dentro "do espírito das classes privilegiadas de outros países, dizem os brasileiros que não nasceram para trabalhar, mas para mandar" (Ewbank, 1973, p. 179). Convém reparar – e o autor destaca isso – que esse fenômeno de aversão ao trabalho manual era próprio das elites ou, melhor dizendo, daqueles que podiam usar do trabalho dos outros – no caso, dos escravos de origem africana (Ewbank, 1973).

Ewbank, nascido na Inglaterra e migrado para os Estados Unidos, onde se tornou um grande empreendedor, percebeu com estranheza o comportamento dos senhores de escravos brasileiros, a elite nacional. Para demonstrar isso, ele narrou uma breve anedota, cujo protagonista era um jovem privilegiado do Rio de Janeiro:

> *Como exemplo dessa maneira geral de pensar, vejamos o seguinte caso, cujos protagonistas são meus conhecidos: um jovem de boa família, de dezoito anos, foi convencido a honrar um importante estabelecimento comercial com seus serviços no escritório da firma. Certa vez, um dos sócios entregou-lhe um pacote não duas vezes maior que uma carta e pediu-lhe que o levasse a outra firma da vizinhança. O jovem olhou para o pacotinho, olhou para o comerciante; segurou o pacote entre o*

polegar e o indicador, tornou a olhar novamente para o comerciante e o pacote, meditou um momento, saiu porta afora e, depois de dar alguns passos, chamou um negro, que, atrás dele, levou o pacote ao destinatário.
(Ewbank, 1973, p. 180)

O caso narrado por Ewbank nos mostra um dos pontos mais essenciais do universo escravista: o desprezo pelo trabalho por parte das classes mais altas. Era algo tão forte que organizava a vida e era usado para saber quem era rico e quem era pobre – ou muito pobre. Outro viajante, August de Saint-Hilaire, disse que era sinal de pobreza um homem livre não ter quem lhe fosse buscar um balde d'água ou um feixe de lenha (Silva, 1988).

Você deve ter percebido, pelo relato do nosso cronista, que o jovem "privilegiado" da história fora em busca de um negro de ganho e o encontrara rapidamente. Será que era assim tão fácil? Sim era. E o relato de Ewbank reitera isso, uma vez que sua narrativa se organiza como um diário e, a cada dia, novas experiências são descritas. Em meio aos acontecimentos de que toma parte, ele vai descrevendo com detalhes o universo da escravidão, algo inevitável de se fazer para qualquer pessoa que cruzasse as ruas do Rio de Janeiro na época.

Em certo momento, Ewbank(1973, p. 188-189, grifo nosso) relata:

Tenho visto escravos a trabalhar como carpinteiros, pedreiros, calceteiros, impressores, pintores de tabuleta e ornamentação, construtores de móveis e de carruagens, fabricantes de ornamentos militares, de lampiões, artífices em prata, joalheiros e litógrafos. É também fato corrente que imagens de santos, em pedra e madeira, sejam admiravelmente feitas por negros escravos ou livres. [...] O vigário fez referência outro dia a um escravo baiano que é um santeiro de primeira ordem. **Todas as espécies de ofícios são exercidos por homens e rapazes escravos..**

Esse relato reforça os argumentos que apresentamos quando falamos dos escravos de ganho e sua versatilidade, ou melhor, do fato de que eram os escravos que desempenhavam a maior parte dos trabalhos no Brasil escravista – isso incluía mesmo os trabalhos mais especializados. O cronista nos conta ainda que, em uma "oficina em que se faziam artefatos de cobre, vi trabalharem quinze homens, **todos escravos**, inclusive o capataz. O proprietário era português" (Ewbank, 1973, p. 189, grifo nosso).

Sobre o fato de que os escravos de tudo faziam no século XIX, outro viajante, Thomaz Nelson (1846, p. 23, tradução nossa) igualmente nos deixou um precioso relato:

O negro não só é o trabalhador dos campos, mas também o mecânico; não só racha a lenha e vai buscar a água, mas também com habilidade de suas mãos contribui para fabricar os luxos da vida civilizada. O brasileiro usa-o em todas as ocasiões e de todos os modos possíveis; desde desempenhar o ofício de mordomo e cozinheiro até servir ao propósito de cavalo; desde fazer extravagantes bugigangas; preparar a roupa para vestir e arrumar sua pessoa até executar o mais baixo dos deveres servis.[3]

Além de observar essa onipresença dos escravos de origem africana em todos os ofícios, Ewbank (1973, p. 191) também notou a diferença dos custos do pagamento de cada trabalhador:

O maior estabelecimento litográfico do Brasil é o de Heaton & Rensburg, no Rio. Seus impressores são escravos africanos. O Sr. H... surpreendeu-se

---

3. "*The negro is not only the field labourer but also the mechanic; not only hews the wood and draws the water, but by the skill of his hands contributes to fashion the luxuries of civilised life. The Brazilian employs him on all occasions, and in every possible way; from fulfilling the offices of valet and cook, to serving the purposes of the horse; from forming the gaudy trinkets, and shaping the costume which is to clothe and decorate his person to discharging the vilest of servile duties.*"

ao saber que os impressores litográficos americanos ganham de 10 a 15 dólares por semana. "Um mil-réis (cinquenta centavos de dólar) por dia – observou ele – é um bom salário aqui, e quanto aos escravos, não nos custam a quarta parte disso."

É possível que se tratasse de exagero. Os custos do trabalho de um escravo de ganho era um tanto maiores que "a quarta parte" de "um mil-réis", ou seja, 250 réis. Um outro cronista, o Barão de Eschwege, em um período bem anterior, a década de 1810 (a inflação existia e afetava os custos) fazia outra conta: "No Rio de Janeiro, por exemplo, em meu tempo, pagava-se de aluguel a um escravo comum 300 réis, aos piores aprendizes de um ofício qualquer, 600 réis; aos mestres, 900 a 1200 réis" (Gorender, 1978, p. 453). Anos depois, em 1837, outro cronista, Burlamaqui, estimou os preços de um dia de trabalho de escravo de ganho: um oficial (mecânico, artesão) custava 640 réis, enquanto um escravo comum custava a metade, ou seja, uns 320 réis (Silva, 1988). Ou seja, o informante de Thomas Ewbank exagerou um pouco no baixo valor do custo do trabalho dos escravos, especialmente no caso de escravos litógrafos, mas não era uma estimativa fora da realidade.

Também na literatura do século XIX o tema da escravidão não podia ficar de fora. Há diversos contos e romances – de Machado de Assis, por exemplo – que retratam os mais diversos aspectos do mundo do cativeiro. Um deles pode ser o personagem Raimundo, do romance *Iaiá Garcia*, escravo da família de Luis Garcia que, mesmo depois de alforriado, seguiu servindo pai e filha, caracterizando certa devoção aos senhores. Não podemos ignorar o Pancrácio de *Bons dias*, que era um personagem bastante submisso ao senhor, uma perfeita caricatura de certo tipo de cativo. Para não falar apenas de escravos que aceitavam o cativeiro, estão os cativos do conto *O espelho*, que enganam o senhor e fogem durante a madrugada, demonstrando grande astúcia e capacidade de entender as vaidades do mundo senhorial.

Além dos textos de Machado de Assis mencionados anteriormente, há outros romancistas que enfatizaram o assunto, como Aluísio de Azevedo. Em *O cortiço*, esse autor trata especialmente da vida cotidiana do mundo de escravos e libertos "ganhadores" do Rio de Janeiro, como Bertoleza, uma típica quitandeira que dava duro todos os dias.

Síntese

Neste capítulo, avançamos pelas ruas das cidades escravistas do século XVIII e, muito mais, pelas do século XIX. Descobrimos personagens surpreendentes como, os "negros de ganho" e as quitandeiras, que se distribuíam pelas ruas e praças realizando todo tipo de serviço ou venda (carregando, pintando, fazendo joias, chapéus e aplicando sanguessugas).

Vimos também como certos viajantes estranharam aquele cenário e a forma grotesca como as elites brasileiras se negavam a carregar qualquer embrulho, por menor que fosse, por esta ser considerada tarefa de escravos. Isso, certamente, deixou fortes marcas na nossa sociedade.

Atividades de autoavaliação

1. Sobre os espaços urbanos no período colonial, é possível afirmar:
   a) Foram caracterizados pela continuidade, concentrados no litoral, sem qualquer penetração no interior.
   b) Passaram do litoral para o interior somente no século XVIII, especialmente com a mineração.

c) Eram alguns dos poucos lugares onde escravos e senhores tinham alguma proximidade.
d) Eram lugares onde a escravidão não se enraizou.
e) Caracterizaram-se como espaços sem grandes populações escravas em todos os cantos do país.

2. Durante o século XIX, houve um incremento na chegada de escravos pelo tráfico atlântico, especialmente para atender a nova cultura do café. Consequentemente, as cidades também passaram por transformações. Sobre a escravidão urbana no século XIX, podemos afirmar:
a) Ela se intensificou com o avançar do século, sem perceber o avanço do abolicionismo.
b) Ela ocorreu apenas em grandes cidades, como Rio de Janeiro e Salvador.
c) A mão de obra escrava era usada para os serviços domésticos, sem ser empregada em atividades artesanais.
d) Era muito escassa, pois não havia riqueza suficiente nas cidades para a compra de escravos.
e) Foi marcada pela grande quantidade de escravos circulando livremente pelas ruas, prestando todos os tipos de serviços.

3. As ruas das maiores cidades, ao longo do século XIX, estavam repletas dos chamados "negros de ganho", compondo um cenário do escravismo bastante distante daquele manejado nas *plantations*, mas sem perder sua essência. Sobre os "negros de ganho", é possível afirmar:
a) Eram escravos que circulavam pela cidade, ainda que vigiados de perto por seus senhores.

b) Eram cativos que circulavam pelas ruas prestando variados tipos de serviços, inclusive cortando cabelos e aplicando sanguessugas.
c) Eram escravos que ganhavam sua liberdade por bons serviços, daí o nome "de ganho".
d) Eram escravos entregues como prêmio a certas pessoas, por isso o nome "de ganho".
e) Eram numericamente inexpressivos em cidades como Rio de Janeiro e Salvador.

4. Sobre as quitandeiras, também figuras frequentes nas grandes cidades, podemos afirmar:
a) Eram vendedoras de artigos importados que circulavam pelas ruas.
b) Eram vendedoras de alimentos e tinham lugares definidos para sua atuação, especialmente em cidades como Rio de Janeiro e Salvador.
c) Eram escravas encarregadas de cuidar da limpeza pública.
d) Eram escravas do Imperador e prestavam serviços no Paço Imperial.
e) Eram libertas, tendo obtido sua alforria por conta dos bons serviços.

5. No século XIX, muitos viajantes passaram pelas ruas das grandes cidades do Brasil. A escravidão foi muito ressaltada por esses viajantes. Um deles, Thomaz Ewbank(1973), manifestou:
a) sua satisfação em ver tanta gente produzindo riqueza, ainda que escrava.
b) seu desconforto com a mentalidade da elite brasileira, pouco dada ao trabalho, segundo o autor.

c) uma grande contrariedade, denunciando a escravidão pelas ruas do Rio de Janeiro.

d) uma grande pena dos escravos, sempre descritos como vítimas da violência.

e) um contentamento com os baixos preços da mão de obra no Brasil.

Atividades de aprendizagem

Questões para reflexão

1. Os "escravos de ganho" circulavam pelas ruas da cidade e ofereciam seus serviços, como vimos ao longo do capítulo. Até que ponto o exemplo deles serve para deixar dúvidas sobre a imagem de senso comum dos escravos, como presos em alguma fazenda? Será que as bolas de ferro eram as únicas formas de submeter esses trabalhadores? Anote seus argumentos e dialogue com seus colegas.

2. Uma das marcas do escravismo era o desprezo manifesto dos livres pelo trabalho pesado. Até que ponto essa característica ainda é visível nos dias de hoje? Ainda há quem associe o "carregar peso" com a posição social? Descreva a realidade vivida por você e pense nas semelhanças e nas diferenças entre aquela época e a atual.

Atividade aplicada: prática

1. No século XIX era comum encontrar anúncios de escravos nas páginas dos jornais. Eram os "escravos de ganho" sendo oferecidos por seus trabalhos. Neste *link* do *site* da Biblioteca Nacional do Rio de Janeiro – <http://memoria.bn.br/>

DocReader/docreader.aspx?bib=094170_01&pasta=ano%20 182&pesq=escravo> – podemos encontrar muitos exemplos desses anúncios. Entre no *site*, procure por essas fontes, selecione uma delas e faça sua análise, apresentando, posteriormente, os resultados aos colegas.

Capítulo 6
Abolição, pós-abolição
e o destino dos libertos

Neste capítulo vamos falar de muitas histórias. Todas elas aconteceram ao longo do século XIX, com maior força na segunda metade deste. Quando, em 1850, o fim do tráfico foi aprovado, havia uma ideia geral de que o futuro permitia, agora, vislumbrar a abolição, algo que sequer poderia ser sonhado enquanto o tráfico era vigente. Contudo, como já vimos, mesmo depois de 1850, o tráfico continuou, clandestino, mas ainda atuante por alguns anos.

É sobre esse contexto que vamos tratar neste capítulo, do momento em que o abolicionismo começou a se intensificar, os escravos começaram a ganhar força nas suas relações com os senhores e as novas leis começaram a trilhar o caminho da liberdade. Mas este foi também o período no qual o café ganhou muito destaque como produto de exportação e, particularmente, a região do Vale do Rio Paraíba começou a despontar como a mais dinâmica do Brasil.

Nessa região, veremos o reforço da escravidão com técnicas avançadas de produção. Foi por conta dessa riqueza que o Vale do Paraíba conseguiu provocar um "tráfico interno", comprando escravos em outras regiões do Brasil depois que o tráfico de escravos no Oceano Atlântico fora encerrado.

(6.1)
O TRÁFICO INTERNO

Depois da proibição – derradeira – do tráfico atlântico de escravos, surgiu um novo movimento – agora interno – de circulação de escravos no Brasil, que ficou conhecido como **tráfico interno**. Trata-se de dois circuitos diferentes de venda de escravos: o comércio intrarregional e o interprovincial. O primeiro, intrarregional, ocorria quando um escravo era vendido para uma região próxima. Esse movimento se dava pela variação da pujança econômica das regiões próximas.

Em alguns momentos, a lavoura de exportação de alguns produtos era mais lucrativa que outra, e isso fazia com que os escravos da região menos dinâmica fossem vendidos para aquela mais potente. Ou, talvez, escravos que trabalhassem nas lavouras de produção de alimentos fossem vendidos para as lavouras de exportação.

O outro efeito do tráfico interno era o mercado interprovincial. Este se refere ao movimento de venda e compra de escravos entre regiões distantes. No caso mais conhecido, na segunda metade do século XIX, a Região Sudeste do Brasil comprava escravos vindos das Regiões Norte, Nordeste e Sul. Se aproximarmos a lupa, veremos que eram as regiões produtoras de café, dentro do Sudeste, que compravam escravos vindos de certas regiões do Nordeste, abalado pela seca, mas também do litoral canavieiro e de algumas regiões do sul, especialmente o Rio Grande do Sul, a outrora rica produção de charque (Scheffer, 2006).

Os dois fluxos, tanto o intrarregional quanto o interprovincial, existiram de modo simultâneo. Há muitos registros de compra de escravos entre regiões próximas e distantes desde o período colonial. Contudo, quando falamos desses movimentos, quase sempre estamos fazendo referência ao momento em que ambos estão mais fortes do que nunca: a segunda metade do século XIX. Mesmo assim, dentro desse período mais restrito de tempo, podemos encontrar uma divisão cronológica que marca uma maior intensidade desses processos. Depois do final do tráfico, em 1850, o movimento de maior força foi o intrarregional: os escravos adquiriram alto valor e os produtores das lavouras de alimentos – e mesmo as de subsistência que podiam ter um cativo – começaram a vendê-los para a lavoura de exportação. Esse movimento se manteve com força até a década de 1870 (Slenes, 2005).

> Entre 1870 e 1885, o principal movimento foi o de deslocamento de escravos entre regiões distantes, especialmente do Sul e do Norte para o Sudeste do café. Isso ocorreu por um processo duplo. Por um lado, o preço dos escravos estava cada vez maior, e isso incentivava sua venda. Por outro, somente os produtores de café tinham condições de pagar pelos altos valores dos cativos, em um momento em que esse produto também atingia preços altíssimos. No caso da Região Sudeste, o mercado intrarregional também foi reforçado nesse período, com o deslocamento de mão de obra de diversas outras atividades para a cultura do café. Assim, o sudeste cafeeiro era uma grande máquina que demandava a força de trabalho dos escravos, sugando homens e mulheres do restante do Brasil e mesmo das proximidades (Slenes, 2005).

Alguns autores estimaram o total de escravos enviados para a Região Sudeste no período entre 1850 e 1881. Robert Slenes (2005) apresenta os dados mais cuidadosos, apontando o envio de cerca de 100 mil escravos entre 1872 e 1881, que seriam antecedidos de outros 120 mil no período entre 1850 e 1872, totalizando uns 220 mil escravos chegados ao Sudeste nos dois períodos. É claro que são números aproximados, mas o interesse aqui é saber a dimensão ou a escala desse tráfico interno. E fica claro que o período de menos de dez anos entre 1872 e 1881 foi mais intenso que o período anterior. Foi exatamente aí que o café se destacou dos outros produtos de exportação (Slenes, 2005).

Se é correto dizer que o café estava recebendo todos esses braços, não eram exatamente as culturas da cana e do açúcar que os perdiam. A lavoura da cana conseguiu segurar sua mão de obra durante as décadas finais da escravidão. Vários trabalhos apontam como essa lavoura continuou ativa, apesar de alguns momentos de queda no negócio. Boa parte dos escravos que iam para a o Sudeste vinham, na verdade, dos núcleos urbanos (Slenes, 2005). Esse dado é visível, inclusive, no Gráfico 5.1 e no Gráfico 5.2, que vimos no capítulo anterior, nos quais se percebe que a população escrava decresce gradativamente.

O perfil do escravo vendido no tráfico interno, nos anos 1860 a 1880, era variado, mas não completamente. A maior parte deles estava entre os 15 e os 24 anos, com predominância para o sexo masculino, ainda que a procura por mulheres jovens também fosse alta. Esses dois perfis tinham sua razão de ser. A procura por homens jovens era uma constante na demografia do tráfico, pois estavam no auge de suas idades economicamente produtivas e permaneceriam assim por alguns anos, de tal maneira que poderiam ser imediatamente empregados no serviço, sem a necessidade de aguardar o retorno do investimento realizado com a sua compra. No caso das mulheres, havia uma novidade: com o fim do tráfico atlântico, a única forma de obter trabalho escravo seria por meio dos filhos das cativas. Dessa forma, os senhores poderiam incentivar a formação de famílias para que ele pudesse desfrutar de trabalhadores escravos por mais tempo. Isso se tornou inviável depois da Lei do Ventre Livre, que proibia a escravização dos filhos das escravas.

O movimento do tráfico interno foi limitado por diversos fatores, inclusive pela tributação realizada pelas províncias que perdiam mão de obra. Um tanto dessa ação foi motivada pela constante redução da força de trabalho, mas não podemos desprezar a influência dos motivos humanitários abolicionistas nessas decisões. Na década de 1880, o próprio governo imperial tinha interesse direto em minar os instrumentos do tráfico interno, muito por conta do forte ativismo abolicionista.

A seguir, veremos como essas mobilizações contribuíram para reduzir o campo escravocrata.

(6.2)
AS REVOLTAS ESCRAVAS DO SÉCULO XIX

As revoltas escravas foram muito comuns no período colonial, especialmente na região de Minas Gerais e com maior frequência no século XVIII. Estudos recentes têm mostrado que a região das Minas foi a que mais assistiu a revoltas de escravos durante o período colonial, seguida de perto pela Bahia.

É o que podemos ver no mapa a seguir.

Mapa 6.1 – Revoltas de escravos no período colonial

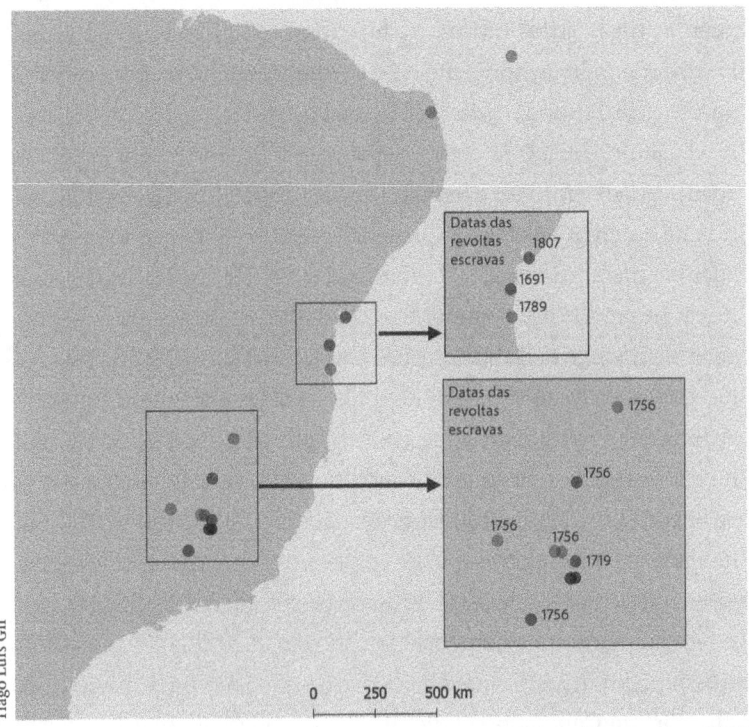

Fonte: Elaborado com base em Rodrigues, 2015.

O século XIX registrou os maiores ingressos de escravizados nas costas brasileiras. Da região do Golfo de Benin vieram muitos cativos, enquanto da região do Congo e de Angola chegaram outros tantos. Esse cenário pode ser descrito pelo volume de ingresso de escravizados no Brasil, incrementado pela cada vez maior cobrança por parte da demande de trabalho nas lavouras de cana, café, tabaco e algodão. Junto com esse aumento expressivo da mão de obra cativa e da pressão sobre ela, havia o movimento abolicionista, o qual foi paulatinamente conquistando espaço, mesmo que a resistência senhorial fosse ainda muito forte. Com isso, temos um contexto bastante favorável às revoltas escravas e outras manifestações de resistência, como as fugas. Estas últimas se tornaram muito comuns ao longo da segunda metade do século XIX e contavam com o apoio de uma grande rede de solidariedade aos escravos.

O século iniciou já com a rebelião de "haussás", em 1807, na cidade de Salvador, um exemplo perfeito dos efeitos da enorme chegada de escravos vindos da Costa da Mina para a Bahia. O objetivo deles era matar os brancos, tomar navios no porto e retornar para a África, negando completamente a possibilidade de aceitarem o cativeiro. Bem longe de Salvador, em 1809, ocorreu uma revolta escrava que quase se desenrolou em algumas cidades da então Capitania de São Paulo, particularmente em Itu, Sorocaba e São Carlos, tendo os cativos fugido e se aquilombado. Em 1816, novamente na Bahia, mas agora no interior do recôncavo, aconteceu nova rebelião, em uma região de forte produção de cana e fumo. Em 1824, em Sergipe, ocorreu também um levante de escravos dos engenhos e de libertos, comandados por um alferes do chamado *Batalhão dos Henriques*. Dois anos depois, em 1826, a revolta esteve de novo nas proximidades de Salvador, em Cabula, no Quilombo do Urubu (Reis, 1996).

> A década de 1830 foi marcada pela forte instabilidade política. Era o período das regências, com movimentos políticos fervilhando por todos os cantos da nova nação. Foi também uma década de fortes rebeliões escravas. A década começou com duas revoltas que ocorreram no interior de São Paulo: uma no litoral, Ubatuba, e outra na vila de São Carlos. Não demorou para que ações mais fortes acontecessem. A primeira delas, a Revolta de Carrancas, em 1833, foi particularmente importante pela forma como as famílias senhoriais foram dizimadas pelos escravos. A segunda, a Revolta dos Malês, em 1835, foi certamente a revolta escrava mais famosa do século XIX, com repercussões internacionais, além do forte impacto nacional. Por fim, não menos importante foi o levante quilombola de Manuel Congo, em Vassouras, em 1838.

A Revolta de Carrancas começou no dia 13 de maio de 1833, quando Ventura Mina liderou um ataque ao filho do proprietário da fazenda, da família Junqueira, que foi morto a pauladas. Por estratégia, os insurretos não atacaram a casa-grande de imediato e procuraram apoio dos escravos da fazenda vizinha, Bela Vista, também da família Junqueira. Lá assassinaram oito membros da família senhorial. Da fazenda Bela Vista, os revoltosos foram para a fazenda Bom Jardim, da mesma família. Neste local eram aguardados pelos já preparados donos da propriedade que, tendo armados seus escravos, estavam prontos para o combate. A rebelião foi debelada e Ventura Mina foi morto.

Por seu turno, a Revolta dos Malês foi um dos mais conhecidos levantes do século XIX. Há forte polêmica sobre seu significado. Alguns autores declaram que foi uma revolta escrava, de modo inequívoco. Todavia, outros enfatizam o fato de que seus participantes eram todos muçulmanos, sendo mais correto interpretá-la como uma *jihad* islâmica.

Essas revoltas foram emblemáticas e marcaram profundamente a sociedade senhorial. Elas definiram, certamente, a lei de 10 de junho de 1835, a qual estabelecia a pena de morte para os escravos. Também nos anos 1830, um forte quilombo se formou no Vale do Paraíba, já então uma zona de expressiva produção do café. Conhecido como *Quilombo de Santa Catarina* ou *de Manuel Congo*, foi liderado por este último até 1838, quando tropas desmantelaram a povoação e prenderam os principais integrantes. A operação foi comandada pelo então tenente-coronel Luís Alves de Lima e Silva, que futuramente seria o Duque de Caxias (Reis; Silva, 1989).

Em 1854, o clima ainda estava quente na mesma região, particularmente no município de Vassouras, onde os principais cafeicultores se organizaram para garantir medidas contra eventuais rebeliões de escravos. Uma série de medidas foi estabelecida contra as insurreições de cativos, a maior parte delas aumentando o controle e a vigilância sobre os escravos, além de organizar medidas defensivas. Os fazendeiros não esqueceram de criar mecanismos de distração. Eles deveriam: "permitir e mesmo promover divertimentos entre os escravos [...] [pois] quem se diverte não conspira" (Reis; Silva, 1989, p. 29), além de incrementar os ensinamentos religiosos e estimular a criação de roças pelos próprios escravos. Eram formas alternativas de manter presos os escravos, sem que fosse necessário aumentar ainda mais a vigilância e a repressão, já em níveis altíssimos (Reis; Silva, 1989).

(6.3)
O ABOLICIONISMO E O DEBATE SOBRE O FIM DA ESCRAVIDÃO

Chamamos *abolicionismo* o movimento coletivo de condenação ao cativeiro. Até meados do século XIX ele praticamente não existia, sendo que as poucas pessoas que criticavam a escravidão estavam isoladas e sem força. Somente na segunda metade daquele século é que começam a surgir vozes nesse sentido, cada vez mais fortes e frequentes. Algumas propostas de lei para acabar com a escravidão foram apresentadas ainda na década de 1850, todas elas ignoradas e arquivadas. Nos anos 1860, outras propostas foram elaboradas, também sem sucesso. A Guerra do Paraguai fez adiar um pouco mais os debates sobre a liberdade. Apenas em 1869 foi aprovada uma lei que impedia a separação de casais e dos filhos menores de 15 anos, algo possível até então. Era uma pequena concessão que se fazia para evitar o debate mais importante: o da abolição (Costa, 2008).

A década de 1870 começou com um pouco mais de avanços: logo em 1871 foi feita a Lei do Ventre Livre, que estabelecia a liberdade dos filhos nascidos de mães escravas. Os debates que antecederam a aprovação dessa lei foram de uma intensidade nunca antes vista para esse assunto. A Lei do Ventre Livre também estabelecia a criação de uma matrícula para identificar os escravos. Esse controle seria feito nas paróquias, sob responsabilidade dos párocos locais.

Mas essas não eram as únicas novidades. Também foram previstos fundos de emancipação de escravos, que seriam financiados por taxas sobre a propriedade escrava, sobre a compra e a venda de cativos, entre outros meios possíveis. Ainda que paliativa, era uma medida concreta contra a escravidão. Uma última e não menos importante medida foi tomada: os escravos, a partir dessa lei, poderiam manter pecúlios, ou seja, economias feitas por meio de eventuais ganhos, fossem estes pelo seu trabalho, fossem por heranças ou doações. Esses pecúlios poderiam ser transmitidos para herdeiros ou, na falta destes, para algum fundo de emancipação. E, outra novidade: uma vez dispondo dos recursos, o escravo poderia comprar sua alforria sem que o senhor pudesse impedir (Costa, 2008).

Ao longo dos anos 1870, novas ações começaram a ser tomadas. Nas palavras de Emilia Viotti da Costa (2008, p. 49): "A década de 1870 inaugurava-se, portanto, em um clima de apreensão por parte dos proprietários de escravos e renovado entusiasmo dos que lutavam pela emancipação dos escravos". Foram criados agremiações, clubes, associações e jornais abolicionistas. Também foram criadas outras entidades com a proposta de serem "emancipadoras", ou seja, lutavam ativamente pela arrecadação de fundos para a compra de escravos que seriam imediatamente libertados.

O crescimento das cidades também contribuiu para a causa abolicionista. Era nos espaços urbanos que boa parte da agitação pelo fim do trabalho escravo se dava, por meio de associações, imprensa, editoras e livrarias. Entre aqueles que defendiam o fim do cativeiro, alguns eram emancipadores, ou seja, defendiam a libertação pontual dos escravos, ao contrário dos abolicionistas propriamente ditos, que defendiam o fim geral do cativeiro. Dentre estes últimos, havia aqueles que propunham soluções radicais, como rebeliões generalizadas ou fugas coletivas, e aqueles, como Joaquim Nabuco, que defendiam que a abolição fosse lenta, gradual e votada no parlamento.

Nas palavras da historiadora Emilia Viotti da Costa (2008, p. 78):

Ao iniciar-se a década de 1880, o abolicionismo ganhava novo ímpeto, em especial nos núcleos urbanos. Pessoas levando cartazes em favor da emancipação dos escravos desfilavam pelas ruas das cidades e outros centros urbanos, nas várias províncias. Por toda a parte, faziam-se coletas em prol da campanha e promoviam-se comícios e conferências.

Em 1884, o Gabinete Ministerial, encabeçado pelo conselheiro Souza Dantas, apresentou um projeto de lei que previa a libertação dos escravos com mais de 60 anos de idade, sem indenização. O simples debate em torno do projeto já causou forte alvoroço. Deputados – conservadores e liberais – se organizaram com muita força para defender os interesses dos escravistas. Do outro lado, abolicionistas se mobilizaram a favor do projeto, não apenas na tribuna do parlamento, mas pela imprensa e por meio de mobilizações populares. O resultado do embate foi favorável aos escravistas: a proposta de Dantas foi rechaçada e deixou o Gabinete sem forças para continuar. Em meio à crise política, novas eleições foram convocadas e os abolicionistas foram fragorosamente derrotados, muitos perdendo vagas na Câmara para representantes dos escravistas (Costa, 2008; Mendonça, 1999).

Um novo ministério, comandado por José Antonio Saraiva, assumiu a vaga de Dantas. Um novo projeto foi apresentado – contudo, bastante diferente e muito favorável aos interesses escravistas, prevendo indenizações e trabalho adicional por parte dos escravos antes da libertação final. Acrescentava, ainda, punições extraordinárias para quem auxiliasse escravos fugitivos. Diante do cenário de polarização existente, tampouco o Gabinete Saraiva conseguiu se sustentar, em virtude de uma forte repulsão por parte dos abolicionistas, que tinham grande apoio popular. O Imperador convocou, então, um novo ministério, chamando o Barão de Cotegipe para ocupar a pasta. Dessa vez o projeto foi apresentado, votado e aprovado. Não era a versão mais arrojada, mas era um claro indicativo de que, mais cedo ou mais tarde, a abolição aconteceria. Diversos políticos, no marco da polarização, acabaram mudando lentamente de lado e começaram a admitir o fim do cativeiro (Costa, 2008; Mendonça, 1999).

Entre os principais abolicionistas, alguns nomes se destacam. Luiz Gama, que era descendente dos escravos, fez uma gigantesca campanha pela libertação dos escravos utilizando a Lei Feijó, de 1831, a qual estabelecia o fim do tráfico. Segundo sua argumentação, se o tráfico fora proibido pela primeira vez em 1831, então todos os escravos chegados depois daquela data seria cativos ilegais. O fato de que um número enorme de escravos estava entre aqueles chegados depois de 1831 fez com que a campanha de Gama fosse muito expressiva e ameaçadora aos senhores. Jornalista e rábula (alguém que faz as vezes de advogado, sem, contudo, ser diplomado), Gama atuou com muito empenho em sua militância antiescravista. Além das campanhas públicas, ele atuava nos tribunais, onde defendia com vigor as causas de escravos contra seus senhores, lutando pelas alforrias. Também recebia em sua casa escravos fugidos e defendia, entre outras coisas, que todo o assassinato de senhores pela mão dos escravos acontecia em legítima defesa (Costa, 2008; Azevedo, 2010).

Outro expoente do abolicionismo foi Joaquim Nabuco. Membro de uma prestigiosa família pernambucana, Nabuco cresceu em um engenho, onde conheceu de perto a escravidão. Seu pai era membro do Partido Liberal, e isso foi relevante para bons e maus momentos na vida daquele que seria um dos maiores abolicionistas da época. Foi por meio das relações políticas de seu pai que Nabuco conseguiu boa parte das oportunidades que teve na vida, inclusive a eleição para deputado, em 1878. Todavia, o enfraquecimento do Partido Liberal, entre 1868 e 1878, manteve o jovem longe da política por muito tempo. Foi nos altos e baixos de seu partido que Nabuco navegou sua militância abolicionista, muitas vezes contra seus próprios correligionários. Usou e abusou da tribuna da Assembleia para defender a causa da libertação dos escravos. Contudo, sua ação era, ao mesmo tempo, extremamente focada no parlamento, evitando manifestações exteriores. Como ele mesmo dissera: "É no parlamento e não em fazendas ou quilombos do interior, nem nas ruas e praças das cidades que se há de ganhar ou perder a causa da liberdade" (Nabuco, citado por Costa, 2008, p. 109).

Além de Nabuco e Gama, André Rebouças também teve papel central na abolição. Tinha origem escrava, mas seu pai era deputado e proporcionou ao filho o necessário para uma boa formação. Formou-se em engenharia e pôde viver e estudar na Europa, onde aperfeiçoou suas habilidades. De volta do Brasil, atuou de modo continuado no movimento abolicionista. Foi tesoureiro da Sociedade Brasileira Contra a Escravidão e membro da Confederação Abolicionista. Além disso, atuava na imprensa, com dezenas de artigos publicados contra a escravatura (Costa, 2008).

Por fim, não seria possível falar do abolicionismo sem mencionar os "jangadeiros do Ceará", liderados por Francisco do Nascimento, que tiveram expressivo papel na luta pela abolição na Província do Ceará, a primeira de todas a eliminar o cativeiro. Em 1881, em um ato feito em parceria com a "Sociedade Libertadora", eles se recusaram a fazer o transporte de escravos para os navios de alto-mar que os levariam para os portos do sul, no tráfico interno. Depois desse movimento, Francisco do Nascimento foi levado para o Rio de Janeiro, onde desfilou com sua jangada, sendo saudado pelos abolicionistas e recebendo o apelido de "Dragão do mar" (Salles, 2011).

(6.4)
A ABOLIÇÃO

Em outros tempos, os historiadores acreditavam que eram os grandes fatos históricos que faziam o mundo se mover. Nesse sentido, foi então, o 13 de maio um desses grandes eventos no qual toda a sorte de gerações de escravos foi libertada pela benevolência da Princesa Isabel, que assinou a "Lei Áurea"? É certo que este foi um momento ímpar e positivo, mas não algo "saído do nada".

Há toda uma história anterior, com avanços e retrocessos, com debates acalorados e violência, da qual já falamos em parte, que mobilizou a sociedade a respeito da abolição. E os próprios escravos participaram ativamente disso tudo, isso sem esquecer, é claro, dos libertos, ou seja, daqueles que foram escravos e haviam sido libertados. Entre estes últimos surgiram diversas mobilizações, associações, enfim, um forte ativismo em prol da libertação individual de escravos e da abolição como um todo.

Uma das mais expressivas instituições de luta pela liberdade foram os caifazes, que atuavam em São Paulo. Seu líder, Antonio Bento, era formado em Direito e atuava nos tribunais da defesa dos escravos, muito influenciado pela ação de Luis Gama, como já vimos. A sociedade dos caifazes era secreta, especialmente para evitar perseguições, mas ela tinha um lado "oficial", a Confraria de Nossa Senhora dos Remédios, também presidida por Bento. Esta última arrecadava fundos para a compra de escravos e a posterior alforria destes. No aniversário do primeiro ano da morte de Gama, a mesma instituição, em homenagem, alforriou 13 cativos, dentre um conjunto maior financiado de outras formas, como pela Caixa Emancipadora Luis Gama, que alforriou 11 escravos na ocasião (Azevedo, 2010).

Os caifazes, contudo, tinham outro campo de atuação, o qual demandava algum segredo efetivo. Eles atuavam de modo subterrâneo no auxílio à fuga de escravos, que eram levados de modo seguro para um grande quilombo organizado por seus membros: o quilombo de Jabaquara, que chegou a ter mais de 10 mil escravos. Além disso, a associação mantinha uma imprensa combativa, o jornal *A Redenção*.

Outras ações dos caifazes podem ser vistas nas palavras de Costa (2008, p. 112):

> *Suas atividades não paravam por aí. Perseguiam também aos capitães de mato incumbidos de apreender escravos fugidos, sabotavam a ação policial e denunciavam os abusos cometidos por senhores, expondo-os à condenação pública. Procuravam, ainda por intermédio da imprensa e da propaganda, manter a população constantemente mobilizada.*

A campanha dos caifazes já existia quando, em 1884, a Província do Ceará declarou a abolição da escravatura em seu território. Muito desse acontecimento ocorreu por meio da mobilização iniciada com os jangadeiros, como já vimos antes. Festas foram feitas em várias cidades, de modo simultâneo, marcando uma reviravolta no movimento abolicionista.

Segundo Maria Emília Vasconcelos dos Santos (2016, p. 162),

com a declaração de um Ceará Livre, o tom do debate mudou de um timbre cauteloso, no começo da década, para outro mais aguerrido. As ações das pessoas engajadas passaram a ser mais radicais, e o movimento abolicionista passou a combater veementemente o direito legal à escravatura e a defender a aprovação de uma proposta de abolição imediata e sem a indenização dos proprietários [...]. Com a abolição no Ceará, inaugurou-se uma atmosfera de insegurança em relação à posse da propriedade escrava.

Esse movimento foi ganhando força e apoio de diversos setores sociais. Foram registrados casos de imigrantes recém-chegados que foram presos por incitarem os escravos à fuga. Mas esse tipo de "agitador" era também encontrado entre pequenos comerciantes, operários e outros tipos, que se avolumaram com o passar do tempo. Mesmo o clero católico começou a se mover contra o cativeiro. Durante séculos a escravidão fora justificada com argumentos religiosos, mas chegou o momento em que a própria Igreja deveria se contrapor ao cativeiro. Em 1887, os bispos decidiram reprovar publicamente a escravidão (Costa, 2008). Até mesmo o exército, que era sempre uma força de controle das rebeliões escravas quando da falta de alternativas dos fazendeiros, solicitou à Princesa Isabel, em 1887, a dispensa da captura de escravos, numa clara demonstração de que o primado da escravidão estava com os dias contados (Reis; Silva, 1989).

A maior força no caminho da abolição, contudo, não veio de elementos externos, mas da ação dos próprios escravos. É claro, não sem um contexto favorável. As condições surgiram paulatinamente e, em especial, depois da Lei do Ventre Livre. Esta lei não era, em si, necessariamente transformadora, mas os escravos foram aprendendo usar a norma como campo de batalha. A legislação do Ventre Livre previa algumas coisas importantes: a possibilidade de o escravo comprar sua alforria mesmo sem a autorização do seu senhor (o que antes era impossível), a possibilidade oficial de os escravos terem um pecúlio (economias advindas de alguma remuneração) e a necessidade de matricular os escravos, o que permitiria identificar aqueles que haviam sido trazidos para o Brasil entre 1831 e 1850, período entre duas leis que proibiam o tráfico e, no qual, o próprio ingresso de escravos já seria proibido. Além disso, a lei estabelecia condições para os fundos de emancipação, que buscavam comprar escravos para imediata alforria, ainda que individual e gradativamente.

Defensores dos escravos, como Luis Gama, atuaram de modo efetivo no uso dessa lei em benefício dos escravos, como já vimos, alforriando escravos com recursos obtidos em ações beneficentes, além de questionar o cativeiro daqueles trazidos a partir de 1831. Contudo, o exemplo de Gama não foi o único, e podemos encontrar escravos reclamando seus direitos em diversas partes do Brasil. Chalhoub (1990) nos mostra de que forma os processos judiciais movidos por escravos nos anos 1860 acabaram alterando o debate para a Lei do Ventre Livre e como os processos das décadas seguintes foram importantes para o enfraquecimento do escravismo como um todo. O mesmo movimento pôde ser visto por Elciene Azevedo (2010), para São Paulo, e por Maria Emília Vasconcelos dos Santos (2016), para Pernambuco. Eram os escravos pressionando o sistema com petições individuais. Solicitavam uma troca de senhor aqui, uma manumissão ali, os cativos iam lentamente ocupando os espaços possíveis e dando o tom no processo histórico.

Não foi apenas por meio dos tribunais que se fez o caminho para a abolição. Com o crescimento do movimento e as mesmas notícias de vitórias dos escravos nos tribunais, os escravos começaram a aumentar suas resistências e as ações em busca de liberdade. As fugas, os levantes e a criação de quilombos foram se difundindo com grande velocidade, assim como a rejeição dos atos dos capitães do mato e dos senhores. O controle dos escravos começou a ficar cada vez mais difícil e mais caro; assim, com o objetivo de evitar levantes, alguns senhores começaram a alforriar escravos específicos. Foi, então, o empenho dos escravos nas diversas fazendas que começou a girar a roda da abolição, a qual, outrora distante, parecia cada vez mais próxima (Santos, 2016).

(6.5)
A VIDA DOS LIBERTOS NO CHAMADO *PÓS-ABOLIÇÃO*

E o que aconteceu com os escravos após a abolição? Que fim eles tiveram? Essas perguntas já foram feitas muitíssimas vezes e por muitos historiadores. Nos anos 1960 e 1970, a historiografia que entendia o escravo na condição de "coisa" não podia encontrar outra resposta que não fosse a ruína.

Nas palavras de Florestan Fernandes (1979, p. 46), o escravo:

Ficou com a poeira da estrada, submergindo na economia de subsistência, com as oportunidades medíocres de trabalho livre das regiões mais ou menos estagnadas economicamente e nas grandes cidades em crescimento tumultuoso, ou perdendo-se nos escombros de sua própria ruína, pois onde teve de competir com o trabalhador branco, especialmente o imigrante, viu-se refugado e repelido para os porões, os cortiços e a anomia social crônica.

Não há dúvida de que a vida dos escravos não mudou da noite para o dia e que fenômenos como o racismo seguiram prejudicando profundamente qualquer ação dos agora libertos, até os dias de hoje. Contudo, o cenário pintado por Fernandes (1979) é muito parecido com aquele que os próprios fazendeiros pensavam que seria o mundo depois da abolição: decadência e aglomeração de escravos. A decadência é visível quando Fernandes (1979) fala das zonas "mais ou menos estagnadas", em que imagina que o pós-abolição foi um período de grande decadência econômica, tal qual imaginavam os senhores, mas que nunca aconteceu. O pós-abolição foi um período de crescimento, sem que isso signifique igualdade social. Ao mesmo tempo, os senhores imaginavam que, após a abolição, existiriam multidões de escravos perambulando pelas estradas, tal como Fernandes (1979) descreveu.

Durante muito tempo o estudo sobre a transição do trabalho escravo para o livre ficou focado apenas no aspecto econômico – particularmente, na forma como os imigrantes foram substituindo os escravos e como estes teriam ficado todos fora do novo sistema. O caso mais utilizado era o de São Paulo, especialmente a zona do café, onde, ao contrário de outras regiões do país, a população escrava ainda estava criando raízes, pois eram zonas de ocupação recente com, no máximo, 50 anos de ocupação. O modelo paulista do café foi muitas vezes generalizado, como se fosse um exemplo do que ocorrera em todo o Brasil (Rios; Mattos, 2004).

> Os novos estudos sobre o pós-abolição têm mostrado um cenário bem mais complexo e variado: as estratégias de sobrevivência dos libertos e a busca pela manutenção da família, outrora escrava; a manutenção das agremiações identitárias, como as irmandades religiosas e os clubes; a manutenção da cultura de origem africana, especialmente por meio de manifestações como a música e a dança; a criação de uma reputação da comunidade negra como trabalhadora e honesta.

Como foi dito por Ana Lugão Rios e Hebe Mattos (2004, p. 170):

As visões da última geração de escravos brasileiros sobre seus planos e destinos, após o 13 de maio, finalmente começam a emergir como um dos problemas históricos cruciais na historiografia brasileira sobre o período. Até a década de 1990, aproximadamente, apenas a marginalização dos libertos no mercado de trabalho pós-emancipação era enfatizada nas análises historiográficas.

Essas novas pesquisas se baseiam tanto nos documentos existentes nos tabelionatos e arquivos como em registros de nascimento e casamento, além dos relatos orais dos descendentes de escravos. O uso da história oral, metodologia inovadora que vem sendo empregada nessas investigações, permite transformar aqueles relatos em fontes para a pesquisa histórica. Nessa metodologia, descendentes de escravos são entrevistados e perguntas sobre seus antepassados são feitas. É claro que muitas lembranças se misturam com elementos do presente, que muitas vezes confundem o historiador. Todavia, muitas coisas interessantes, pequenas histórias perdidas, são resgatadas na memória dos entrevistados e podem nos trazer informações preciosas, que não teriam sido obtidas de outra maneira.

> Trabalhos recentes têm revelado que aquela suposta debandada ou criação de um grande corpo de libertos desempregados não foi condizente com a realidade. Na maior parte dos casos, os libertos continuaram como principal força de trabalho nas fazendas outrora escravistas, pelos menos nos primeiros anos depois da abolição. A ideia de que os ex-escravos ficaram na "poeira da estrada" não se sustenta e, na verdade, é possível perceber um grande vínculo dos libertos com as áreas onde haviam trabalhado. Durante muito tempo se atribuiu essa permanência ao sucesso dos ex-senhores em seduzir seus ex-escravos como novos trabalhadores assalariados. Contudo, essa "sedução" não parece explicar por qual motivo os escravos ficaram nas fazendas (Rios; Mattos, 2004).

Logo nos primeiros anos após a abolição, houve todo o tipo de incentivo para que os libertos migrassem para áreas de alta produção (como mão de obra), inclusive com passagens sendo compradas pelo governo (Rios; Mattos, 2004). Por outro lado, houve debates no parlamento sobre como criar mecanismos para controlar os libertos, tidos, ao mesmo tempo, como mão de obra e ameaça. Havia quem sugerisse aumentar o controle policial para conter as novas "classes perigosas" e também quem se manifestasse a favor de convocar todos os libertos para o exército, de modo a discipliná-los. O medo dos ex-senhores era grande; porém, a ameaça era mínima: os libertos estavam preocupados com outras coisas, bem mais importantes, na verdade. Eles já andavam arrumando trabalhos diversos tanto em áreas urbanas quanto no campo, ainda que, muitas vezes, em condições duras e em um ambiente marcado por forte competição (Chalhoub, 2001).

Aqueles que ficaram nas fazendas tiveram seus motivos. No caso dos escravos do velho Vale do Paraíba, por exemplo, local de estabelecimento das primeiras lavouras de café no Brasil, no final do século XVIII e no começo do século XIX, havia motivos de primeira ordem. As comunidades de escravos ali existentes já estavam enraizadas por algumas gerações de cativos, ou seja, era uma população de ex-escravos que tinha um forte vínculo com a região, com as memórias, com a família e com a comunidade. Diante desse cenário, essas populações não encontraram grande conveniência em migrar para outras partes do país, ainda que essa possibilidade fosse conhecida e estivesse ao alcance de todos e mesmo que alguns tenham lançado mão dessa saída. Os vínculos familiares funcionaram como raízes para os libertos: não iriam abandonar seus parentes, seus idosos, seus amigos e conhecidos por uma nova aventura (Rios; Mattos, 2004).

No período do pós-abolição, os libertos do antigo Vale do Paraíba acabaram centrando suas estratégias em alguns pontos-chave: a permanência no local, de modo a preservar suas raízes, o foco nas relações familiares e na regularização de uniões afetivas, por exemplo, casando oficialmente com quem já viviam há anos, na busca por uma reputação de trabalhador, mas sem aceitar tratamentos e tarefas consideradas próprias do mundo da escravidão. Há relatos, inclusive, de casamentos em massa no imediato período pós-abolição, resultado da possibilidade de constituir família agora em liberdade e usando o Registro Civil, antes inexistente. Esses casamentos contribuiriam para melhorar a imagem das famílias, de modo a diluir, lentamente, aquela relacionada ao universo da escravidão (Rios; Mattos, 2004).

Se os libertos do velho Vale do Paraíba encontraram essas estratégias como as mais adequadas para sua nova vida, elas não foram as mesmas em todas as regiões. Muitas foram as táticas usadas pelos ex-escravos no pós-abolição. Boa parte delas passou pela manutenção de comunidades, frequentemente ao redor de algumas instituições, como as irmandades.

Síntese

Neste capítulo, tratamos dos últimos momentos do escravismo: a abolição e o pós-abolição. Foi um período conturbado, com grande ativismo de escravos, libertos, seus descendentes e simpatizantes da causa, mas também um período de forte reação senhorial, com duras batalhas nas ruas, nas fazendas e no Congresso. Foi difícil acabar com o tráfico e com a escravidão dos recém-nascidos e foi uma conquista a alforria dos sexagenários.

Sem dúvida, a abolição, mesmo depois que todas as batalhas anteriores estivessem vencidas, foi um processo árduo. Esse processo se deu de forma lenta, tendo se iniciado ainda nos anos 1820, quando se falou pela primeira vez sobre acabar com o tráfico. E isso durou até 1888, o tempo de uma vida longa, segundo os padrões da época. Uma mudança lenta, enfrentada com vigor pelos escravos, em todos os seus dias de trabalho e até mesmo quando usavam o "corpo mole" para se manifestar.

Atividades de autoavaliação

1. No século XIX ocorreu um processo que foi chamado de *tráfico interno*. Esse processo trata especificamente:
   a) dos escravos do sul, vendidos para o Nordeste do Brasil.
   b) dos cativos do decadente Mato Grosso, que eram vendidos para a Bahia açucareira.
   c) dos escravos recém-chegados nos grandes portos e redistribuídos para todas as regiões do Brasil.
   d) dos escravos de várias regiões do Brasil, inclusive Nordeste e Sul, vendidos para o Sudeste cafeeiro.
   e) dos escravos rurais, que eram cada vez mais vendidos para as grandes cidades, cada vez maiores e mais ricas.

2. O século XIX foi palco de muitas revoltas escravas. Algumas foram especialmente marcantes, como:
   a) a Revolta dos Malês e o massacre de Carrancas (MG).
   b) a Revolta dos Côcos (BA) e a rendição de Manuel Congo.
   c) a conspiração de Barrancas e o levante de Inácio Cassanje.
   d) a Revolta Praieira e a dos Mocambos (RS).
   e) a sedição de Vassouras e a rebelião dos Jagas.

3. O abolicionismo foi um movimento de ampla atuação, que articulava regiões diversas do Brasil, tendo como estratégias próprias:
   a) a panfletagem nas portas das fazendas, organizada por grupos populares.
   b) a convocação de assembleias nas *plantations*, que reuniam milhares de escravos para os debates.
   c) uma gama variada de ações, desde o auxílio nas fugas e nas revoltas, passando pela criação de quilombos e culminando em atos e manifestações públicas em todo o país.
   d) a criação de um partido abolicionista, que organizava atos no parlamento.
   e) o convencimento de grandes líderes, como o imperador, a princesa e alguns senadores.

4. Sobre o processo de Abolição da escravatura, podemos afirmar:
   a) Foi conduzido pessoalmente pela Princesa Isabel, uma militante da causa.
   b) Foi fruto de muitas mobilizações, tanto de escravos quanto de simpatizantes da causa.
   c) Foi um processo natural, pois mais ninguém defendia a escravidão.

d) Foi a consequência normal da baixa produtividade dos escravos, já que os senhores não os queriam mais.
   e) Foi promovida pelos grandes senhores, que tinham o objetivo de ganhar o apreço dos escravos.

5. No pós-abolição, as principais estratégias adotadas pelos libertos, segundo Rios e Mattos (2004), eram:
   a) a permanência no local, o foco nas relações familiares e a busca por uma reputação de bom trabalhador.
   b) a migração para áreas mais pobres, onde a terra seria mais barata.
   c) a busca por qualquer tipo de trabalho, diante do enorme quadro de desemprego gerado pela Abolição.
   d) a integração ao exército, como alternativa ao trabalho.
   e) a criação de irmandades religiosas, na busca por consolo espiritual.

Atividades de aprendizagem

Questões para reflexão

1. A memória histórica oficial construída sobre a Abolição costuma celebrar o feito da Princesa Isabel, reforçando a imagem desta última como grande benemérita. Contudo, como vimos, o lento processo de construção da liberdade coletiva teve diversos personagens e é cheio de avanços e recuos. Se você pudesse construir um monumento dedicado à abolição, qual aspecto você destacaria? Quais personagens homenagearia? Você daria importância para as lutas cotidianas ou focaria mais nos ditos "grandes heróis"?

2. Após o fim do tráfico atlântico de escravos, o chamado *tráfico interno* passou a ter grande peso. Por meio dele, uma boa parte das escravarias de regiões então periféricas passou a ser vendida às regiões mais dinâmicas. Isso levou a uma concentração de riquezas (na forma de trabalho) em certas regiões e ao aumento das desigualdades regionais. Até que ponto esse processo contribuiu para a diferença regional que existe hoje dentro do Brasil? Será que ele contribuiu para isso?

Atividade aplicada: prática

1. Você faz parte ou sabe da existência de alguma comunidade quilombola nas proximidades de sua cidade? Elas são bem mais comuns do que imaginamos. Procure fazer uma pesquisa, usando tanto a internet quanto procurando pessoas mais velhas que possam contar histórias de comunidades de ex-escravos e de quilombos. Procure tomar notas das suas descobertas e faça uma pequena síntese daquilo que você encontrou para apresentar e discutir com seus colegas.

Considerações finais

Começamos este livro falando que, se a história do Brasil pudesse ser vivida em um único dia, a escravidão só teria terminado no início da noite. No último capítulo, falamos do pós-abolição, que corresponderia ao período entre as 18 e as 19 horas. Estamos aqui, agora, vivendo os últimos minutos da noite desse dia. E a imagem não é de todo inadequada, se considerarmos as inúmeras ocorrências de trabalho escravo que são descobertos todos os dias. Esse fenômeno, o do trabalho escravo contemporâneo, não é algo que ocorre somente no Brasil, sendo perceptível em várias partes do mundo atual.

O fato mais importante sobre a história da escravidão no Brasil é justamente seu caráter estrutural. Com isso, quero dizer que a sociedade que fez existir a escravidão não a considerava apenas uma forma de trabalho. Era a escravidão que organizava a hierarquia social, demarcando claramente quem era da elite e quem estava na base – e isso não dizia respeito apenas aos escravos e senhores. Os livres, de modo geral, eram hierarquizados por terem muitos, poucos ou nenhum escravo. Havia quem tivesse alguém para lhe servir e havia quem não dispunha desse recurso.

Mas não era apenas nas hierarquias sociais e no trabalho que estava a escravidão. Ela também caracterizava o campo e a cidade.

No campo, a principal característica da paisagem era justamente o trabalho dos escravizados: intenso e concentrado nas grandes produções de exportação e um pouco mais rarefeito nas demais, mas sempre escravo. Nas cidades, eram também os escravos que enchiam as ruas com seus serviços de ganho ou carregando coisas para manter o prestígio dos livres, em uma sociedade que diferenciava as pessoas por carregar peso pelas ruas – marca do trabalho manual, então considerado vergonhoso.

Todas as contradições de uma sociedade que desprezava os escravos pelo trabalho manual ou por sua origem, em paralelo ao árduo trabalho, acabaram encontrando espaço em diversas formas de resistência e revolta. As formas de resistência, como vimos, foram muitas e contínuas. Silenciosas, acabaram deixando poucos rastros de sua existência, mas foram elas, sem dúvida, as manifestações mais comuns e cotidianas de descontentamento. Um descontentamento que tomou força no século XIX, quando as revoltas mais expressivas se tornaram mais comuns e o movimento abolicionista ficou mais forte.

As marcas desse mundo são as marcas do nosso presente. Estão visíveis por toda parte por onde andemos no Brasil, um país de grandes desigualdades e estatísticas que evidenciam um forte racismo, orientado, certamente, pelo peso daquela que era muito mais que uma instituição baseada nas leis. Uma terrível instituição mantida como projeto cotidiano de uma sociedade que desejava reforçar as diferenças e, para isso, não via qualquer problema em extrair o trabalho duro dos outros.

Esperamos que o leitor tenha apreciado essa tomada panorâmica do tema e encontrado sugestões e ideias para que possa aprofundar seus estudos. Pouco mais de duzentas páginas são insignificantes quando falamos de um processo histórico que durou bem mais de 300 anos e marcou a vida de 12 milhões de pessoas e um sem-número de descendentes. E marca, até hoje.

Referências

ALENCASTRO, L. F. de. **Le commerce des vivants:** traite des esclaves et "Pax lusitana" dans l'Atlantique sud. Thèse (Doctorat en Histoire) – Université de Paris X, Nanterre, 1986.

_____. **O trato dos viventes:** formação do Brasil no Atlântico Sul. São Paulo: Companhia das Letras, 2000.

ALVARENGA, T. **Ato de poupar dos escravos:** poupanças de escravos no Rio de Janeiro ao longo do século XIX. 141 f. Dissertação (Mestrado em História) – Universidade Federal Fluminense, Niterói, 2016. Disponível em: <http://www.historia.uff.br/stricto/td/1978.pdf>. Acesso em: 10 nov. 2018. Disponível em: <http://www.dominiopublico.gov.br/download/texto/cp069924.pdf>. Acesso em: 20 mar. 2019.

AMARAL, R de A. **Nos limites da escravidão urbana:** a vida dos pequenos senhores de escravos na urbes do Rio de Janeiro, c. 1800 - c. 1860. 147 f. Dissertação (Mestrado em História) – Universidade Federal do Rio de Janeiro, Rio de Janeiro, 2006. Disponível em: <http://www.dominiopublico.gov.br/download/texto/cp069924.pdf>. Acesso em: 20 mar. 2019.

ARAÚJO, M. L. de. **As famílias escravas e a sobrevivência no tempo**: freguesia de Nossa Senhora da Conceição de Água Branca – província das Alagoas, 1852-1879. In: ENCONTRO ESCRAVIDÃO E LIBERDADE NO BRASIL MERIDIONAL, 8., 2017, Porto Alegre. **Anais...** Porto Alegre: UFRGS, 2017.

AZEVEDO, C. M. M. de. **Onda negra, medo branco**: o negro no imaginário das elites – século XIX. São Paulo: Paz e Terra, 1987.

AZEVEDO, E. **O direito dos escravos**: lutas jurídicas e abolicionismo na província de São Paulo. Campinas: Ed. da Unicamp, 2010.

BACELLAR, C. de A. P. **Criando porcos e arando a terra**: família e compadrio entre os escravos de uma economia de abastecimento (São Luís do Paraitinga, Capitania de São Paulo, 1773-1840). 2007. Disponível em: <http://www.escravidaoeliberdade.com.br/site/images/Textos3/carlos%20de%20almeida%20prado.pdf>. Acesso em: 10 nov. 2018.

BARBOSA, J. da C. Se a introdução dos escravos africanos no Brasil embaraça a civilização dos nossos indígenas. **RIHGB – Revista do Instituto Histórico e Geográfico Brasileiro**, Rio de Janeiro, v. 1, n. 1, p. 145-152, 1839.

BARICKMAN, B. J. **Um contraponto baiano**: açúcar, fumo, mandioca e escravidão no Recôncavo, 1780-1860. Tradução de Maria Luiza X. de A Borges. Rio de Janeiro: Civilização Brasileira, 2003.

BARLETA, L. B. **O sertão partido**: a formação dos espaços no planalto curitibano (séculos XVII e XVIII). 226 f. Dissertação (Mestrado em História) – Universidade Federal do Paraná, Curitiba, 2013. Disponível em: <https://acervodigital.ufpr.br/bitstream/handle/1884/30244/R%20-%20D%20-%20LEONARDO%20BRANDAO%20BARLETA.pdf?sequence=1>. Acesso em: 10 nov. 2018.

BHILA, H. H. K. A região ao Sul do Zambeze. In: OGOT, B. A. (Ed.). **História geral da África**. Brasília: Unesco, 2010. p. 755-806. v. 5: África do século XVI ao XVIII.

BOAHEN, A. Os Estados e as culturas da costa da Guiné Inferior. In: OGOT, B. A. (Ed.). **História geral da África**. Brasília: Unesco, 2010. p. 475-518. v. 5: África do século XVI ao XVIII.

BOMFIM, M. **A América Latina**: males de origem. Rio de Janeiro: Centro Edelstein de Pesquisas Sociais, 2008.

BRASIL. Diretoria Geral de Estatística. **Recenseamento Geral do Império de 1872**: quadros gerais – recenseamento da população do Império do Brazil a que se procedeu no dia 1º de agosto de 1872. Rio de Janeiro, 1872. Disponível em: <https://ia802702.us.archive.org/25/items/recenseamento1872bras/ImperioDoBrazil1872.pdf>. Acesso em: 10 nov. 2018.

BRÜGGER, S. M. J. **Minas patriarcal**: família e sociedade (São João del Rei – séculos XVIII e XIX). São Paulo: Annablume, 2007.

CARDOSO, C. F. S. A brecha camponesa no sistema escravista. In: ____. **Agricultura, escravidão e capitalismo**. Petrópolis: Vozes, 1979. p. 133-154.

____. As concepções acerca do "sistema econômico mundial" e do "antigo sistema colonial": a preocupação obsessiva com a "extração de excedente". In: LAPA, J. R. do A. (Org.). **Modos de produção e realidade brasileira**. Petrópolis: Vozes, 1980. p. 109-132.

____. **Escravo ou camponês?** O protocampesinato negro nas Américas. São Paulo: Brasiliense, 1987.

CARDOSO, F. H. **Capitalismo e escravidão no Brasil meridional**: o negro na sociedade escravocrata do Rio Grande do Sul. Rio de Janeiro: Paz e Terra, 1977.

CHALHOUB, S. **A força da escravidão**: ilegalidade e costume no Brasil oitocentista. São Paulo: Companhia das Letras, 2012.

CHALHOUB, S. **Trabalho, lar e botequim**: o cotidiano dos trabalhadores no Rio de Janeiro da belle époque. 2. ed. Campinas: Ed. da Unicamp, 2001.

_____. **Visões da liberdade**: uma história das últimas décadas da escravidão na Corte. São Paulo: Companhia das Letras, 1990.

CONRAD, R. E. **World of Sorrow**: the African Slave Trade to Brazil. Baton Rouge, LA: Louisiana State University Press, 1986.

COSTA, E. V. da. **A abolição**. 8. ed. São Paulo: Ed. da Unesp, 2008.

CURTIN. P. D. **The Atlantic Slave Trade**: a Census. Madison, WI: University of Wisconsin Press, 1972.

CURTO, J. C. **Álcool e escravos**: o comércio luso-brasileiro do álcool em Mpinda, Luanda e Benguela durante o tráfico atlântico de escravos (c.1480-1830) e o seu impacto nas sociedades da África Central Ocidentais. Lisboa: Vulgata, 2002.

DAVID RUMSEY MAP COLLECTION. **Afrika**. Disponível em: <https://www.davidrumsey.com/luna/servlet/detail/RUMSEY~8~1~237015~5511005:Afrika>. Acesso em: 10 nov. 2018a.

_____, **Browse All**: Images of Africa. Disponível em: <https://www.davidrumsey.com/luna/servlet/view/all/where/Africa>. Acesso em: 10 nov. 2018b.

DAVIS, D. B. **O problema da escravidão na cultura ocidental**. Tradução de Wanda Caldeira Brant. Rio de Janeiro: Civilização Brasileira, 2001.

ELTIS, D.; RICHARDSON, D. **Atlas of the Transatlantic Slave Trade**. New Haven, CT: Yale University Press, 2015.

EWBANK, T. **A vida no Brasil**: ou diário de uma visita ao país do cacau e das palmeiras. Tradução de Homero de Castro Jobim Rio de Janeiro: Conquista, 1973. 2 V.

FARIA, S. de C. **A colônia em movimento**: fortuna e família no cotidiano colonial. Rio de Janeiro: Nova Fronteira, 1998.

FARIAS, J. B. **Mercados Minas**: africanos ocidentais na Praça do Mercado do Rio de Janeiro (1830-1890). 290 f. Tese (Doutorado em História Social) – Universidade de São Paulo, São Paulo, 2012. Disponível em: <http://www.teses.usp.br/teses/disponiveis/8/8138/tde-22102012-113439/publico/2012_JulianaBarretoFarias.pdf>. Acesso em: 10 nov. 2018.

FARIAS, J. B. et al. **Cidades negras**: africanos, crioulos e espaços urbanos no Brasil escravista do século XIX. 2. ed. São Paulo: Alameda, 2006.

FERLINI, V. L. A. **Terra, trabalho e poder**: o mundo dos engenhos no Nordeste colonial. São Paulo: Brasiliense, 1988.

FERNANDES, F. A sociedade escravista no Brasil. In. IANNI, O. (Org.). **Florestan Fernandes**. 2. ed. São Paulo: Ática, 2008. p. 225-265.

____. **Circuito fechado**: quatro ensaios sobre o "poder institucional". São Paulo: Hucitec, 1979.

FIGUEIREDO, L. **O avesso da memória**: cotidiano e trabalho da mulher em Minas Gerais no século XVIII. Rio de Janeiro: J. Olympio; Brasília: Ed. da UnB, 1993.

FLORENTINO, M. Alforrias e etnicidade no Rio de Janeiro oitocentista: notas de pesquisa. **Topoi**, Rio de Janeiro, v. 3, n. 5, jul./dez. 2002. Disponível em: <http://www.scielo.br/pdf/topoi/v3n5/2237-101X-topoi-3-05-00009.pdf>. Acesso em: 10 nov. 2018.

____. **Em costas negras**: uma história do tráfico de escravos entre a África e o Rio de Janeiro (séculos XVIII e XIX). São Paulo: Companhia das Letras, 1997.

FLORENTINO, M. (Org.). **Tráfico, cativeiro e liberdade**: Rio de Janeiro, séculos XVII-XIX. Rio de Janeiro: Civilização Brasileira, 2005.

FLORENTINO, M.; FRAGOSO, J. **O arcaísmo como projeto**: mercado atlântico, sociedade agrária e elite mercantil no Rio de Janeiro (c. 1790 - c. 1840). 2. ed. Rio de Janeiro: Sette Letras, 1996.

FLORENTINO, M.; GÓES, J. R. **A paz das senzalas**: famílias escravas e tráfico atlântico, Rio de Janeiro (c. 1790 - c. 1850). Rio de Janeiro: Record, 1997.

FRAGOSO, J. L. A nobreza da República: notas sobre a formação da primeira elite senhorial do Rio de Janeiro (séculos XVI e XVII). **Topoi**, Rio de Janeiro, v. 1, n. 1, p. 45-122, 2000. Disponível em: <http://www.scielo.br/pdf/topoi/v1n1/2237-101X-topoi-1-01-00045.pdf>. Acesso em: 10 nov. 2018.

_____. **Homens de grossa aventura**: acumulação e hierarquia na Praça Mercantil do Rio de Janeiro (1790-1830). 2. ed. Rio de Janeiro: Civilização Brasileira, 1998.

FRAGOSO, J. L.; FLORENTINO, M. G. Marcelino, filho de Inocência crioula, neto de Joana Cabinda: um estudo sobre famílias escravas em Paraíba do Sul (1835-1872). **Estudos Econômicos**, v. 17, n. 2, p. 151-173, 1987.

FREYRE, G. **Casa-Grande e Senzala**: formação da família brasileira sob o regime de economia patriarcal. 8. ed. Rio de Janeiro: J. Olympio, 1954. v. 1.

GIL, T. L. **Coisas do caminho**: tropeiros e seus negócios do Viamão à Sorocaba (1780-1810). 372 f. Tese (Doutorado em História Social) – Universidade Federal do Rio de Janeiro, Rio de Janeiro, 2009. Disponível em: <http://pct.capes.gov.br/teses/2009/31001017023P8/TES.PDF>. Acesso em: 10 nov. 2018.

GIL, T. L. **Infiéis transgressores**: elites e contrabandistas nas fronteiras do Rio Grande e do Rio Pardo (1760-1810). Rio de Janeiro: Arquivo Nacional, 2007.

_____. O Império Marítimo Baiano: uma cartografia da produção na obra de Gabriel Soares de Souza (1587). In: GIL, T.; VILLA, C. V. (Org.). **O retorno dos mapas**: sistemas de informação geográfica em História. Porto Alegre: Ladeira Livros, 2016. p. 200-222.

GIL, T. L.; BARLETA, L. (Coord.). **Atlas Histórico da América Lusa**. Brásilia: Ed. da UnB, 2016.

GIUCCI, G. Casa Grande & Senzala. História da recepção. **Remate de Males**, v. 20, n. 1, p. 31-45, 2000. Disponível em: <https://periodicos.sbu.unicamp.br/ojs/index.php/remate/article/view/8636146/3855>. Acesso em: 10 nov. 2018.

GODINHO, V. M. **Os descobrimentos e a economia mundial**. Lisboa: Presença, 1971. 2 v.

GODOY, S. A. de. **Itu e Araritaguaba na rota das monções (1718-1838)**. 239 f. Dissertação (Mestrado em História Econômica) – Universidade de Campinas, Campinas, 2002. Disponível em: <http://repositorio.unicamp.br/jspui/handle/REPOSIP/286309>. Acesso em: 10 nov. 2018.

GOMES, F. dos S. **A hidra e os pântanos**: mocambos, quilombos e comunidades de fugitivos no Brasil (séculos XVII-XIX). São Paulo: Ed. da Unesp, 2005.

_____. **Histórias de quilombolas**: mocambos e comunidades de senzalas no Rio de Janeiro, século XIX. São Paulo: Companhia das Letras, 2006.

GOMES, L. C. A reprodução da população escrava em Porto Alegre, na década de 1780. In: ENCONTRO ESCRAVIDÃO E LIBERDADE NO BRASIL MERIDIONAL, 5., 2011, Porto Alegre. **Anais**... Porto Alegre: UFRGS, 2011. Disponível em: <http://www.escravidaoeliberdade.com.br/site/images/Textos5/gomes%20luciano%20costa.pdf>. Acesso em: 10 nov. 2018.

GOMES, L. C. Uma economia escravista? Apontamentos sobre a população e a estrutura de posse de escravos em Porto Alegre (1779-1792). In: MOSTRA DE PESQUISA DO ARQUIVO PÚBLICO DO ESTADO DO RIO GRANDE DO SUL, 8., 2010, Porto Alegre. **Anais**... Porto Alegre: Corag, 2010. p. 115-138. Disponível em: <http://www.apers.rs.gov.br/arquivos/1289577770.VIII_Mostra_de_Pesquisa_do_APERS.pdf>. Acesso em: 20 mar. 2019.

GORENDER, J. **O escravismo colonial**. São Paulo: Ática, 1978.

GRAHAM, R. A família escrava no Brasil colonial. In: _____. **Escravidão, reforma e imperialismo**. São Paulo: Perspectiva, 1979. p. 41-57.

_____. **Alimentar a cidade**: das vendedoras de rua à reforma liberal (Salvador, 1780-1860). São Paulo: Companhia das Letras, 2013.

GRINBERG, K. **O fiador dos brasileiros**: cidadania, escravidão e direito civil no tempo de Antonio Pereira Rebouças. Rio de Janeiro: Civilização Brasileira, 2002.

GUEDES, R. **Egressos do cativeiro**: trabalho, família, aliança e mobilidade social (Porto Feliz, São Paulo, c. 1798 - c. 1850). Rio de Janeiro: Faperj; Mauad X, 2008.

HAMEISTER, M. D. **O Continente do Rio Grande de São Pedro**: os homens, suas redes de relações e suas mercadorias semoventes (c. 1727 - c. 1763). 287 f. Dissertação (Mestrado em História Social) – Universidade Federal do Rio de Janeiro, Rio de Janeiro, 2002.

HAMEISTER, M. D.; GIL, T. L. Fazer-se elite no Extremo-sul do Estado do Brasil: uma obra em três movimentos – continente do Rio Grande de São Pedro (século XVIII). In: FRAGOSO, J. L. R. ; SAMPAIO, A. C. J. de; ALMEIDA, C. M. C. de (Org.). **Conquistadores e negociantes**: história de elites no Antigo Regime nos trópicos - América Lusa, séculos XVI a XVIII. Rio de Janeiro: Civilização Brasileira, 2007. p. 265-310.

HOLANDA, S. B. de. **Monções**. São Paulo: Brasiliense, 1990.

JULIÃO, C. **Coroação da Rainha negra na festa de Reis**. 1776. 1 desenho em aquarela; col.: 45,5 × 35 cm. Biblioteca Nacional, São Paulo. Disponível em: <http://objdigital.bn.br/acervo_digital/div_iconografia/icon30306/icon30306_072.jpg>. Acesso em: 10 nov. 2018.

_____. **Coroação de um Rei negro nos festejos de Reis no Rio de Janeiro**. 1776. 1 desenho em aquarela; col.: 45,5 × 35 cm. Biblioteca Nacional, São Paulo. Disponível em: <http://objdigital.bn.br/acervo_digital/div_iconografia/icon30306/icon30306_074.jpg>. Acesso em: 10 nov. 2018.

_____. **Dama em liteira, carregada por escravos e suas acompanhantes**. [17--]. 1 desenho em aquarela; col.: 45,5 × 35 cm. Biblioteca Nacional, São Paulo. Disponível em: <http://objdigital.bn.br/acervo_digital/div_iconografia/icon30306/icon30306_048.jpg>. Acesso em: 10 nov. 2018.

KI-ZERBO, J. **História da África negra**. Lisboa: Publicações Europa-América, 1972. v. 1.

KLEIN, H. S. ; LUNA, F. V. **Escravismo no Brasil**. Tradução de Laura Teixeira Motta São Paulo: Imprensa Oficial do Estado de São Paulo; Edusp, 2010.

KÜHN, F. **Gente da fronteira**: família, sociedade e poder no sul da América Portuguesa – século XVIII. 479 f. Tese (Doutorado em História) – Universidade Federal Fluminense, Niterói, 2006. Disponível em: <http://www.historia.uff.br/stricto/teses/Tese-2006_KUHN_Fabio-S.pdf>. Acesso em: 10 nov. 2018.

LARA, S. H. **Campos da violência**: escravos e senhores na capitania do Rio de Janeiro – 1750-1808. Rio de Janeiro: Paz e Terra, 1988.

LARA, S. H. Conectando historiografias: a escravidão africana e o Antigo Regime na América portuguesa. In: FERLINI, V. L. A.; BICALHO, M. F. (Org.). **Modos de governar**: ideias e práticas políticas no Império português – séculos XVI-XIX. São Paulo: Alameda, 2005. p. 21-38.

_____. **Fragmentos setecentistas**: escravidão, cultura e poder na América portuguesa. São Paulo: Companhia das Letras, 2007.

LEWICKI, T. O papel do Saara e dos saarianos nas relações entre o Norte e o Sul. In: EL FASI, M. (Ed.). **História geral da África**. Brasília: Unesco, 2010. p. 327-368. v. 3: África do século VII ao XI.

LIMA, C. A. M. de. **Pequenos patriarcas**: pequena produção e comércio miúdo, domicílio e aliança na cidade do Rio de Janeiro (1786-1844). Tese (Doutorado em História) – Universidade Federal do Rio de Janeiro, Rio de Janeiro, 1997.

MACHADO, C. **A trama das vontades**: negros, pardos e brancos na construção da hierarquia social do Brasil escravista. Rio de Janeiro: Apicuri, 2008.

MACHADO, C. **A trama das vontades**: negros, pardos e brancos na produção da hierarquia social (São José dos Pinhais – PR, passagem do XVIII para o XIX). Tese (Doutorado em História) – Universidade Federal do Rio de Janeiro, Rio de Janeiro, 2006.

MACHADO, M. H. Sendo cativo nas ruas: a escravidão urbana na cidade de São Paulo. In: PORTA, P. (Org.). **História da cidade de São Paulo**. São Paulo: Paz e Terra, 2004. p. 59-99. v. 1: A cidade colonial 1554 – 1822.

MAMIGONIAN, B. G. **Africanos livres**: a abolição do tráfico de escravos no Brasil. São Paulo: Companhia das Letras, 2017.

MARQUESE, R. de B. **Feitores do corpo, missionários da mente**: senhores, letrados e o controle dos escravos nas Américas, 1660-1860. São Paulo: Companhia das Letras, 2004.

MARTIUS, C. F. P. de. Como se deve escrever a história do Brasil. **RIHGB – Revista do Instituto Histórico e Geográfico do Brasil**, Rio de Janeiro, 1844. Disponível em: <http://crla-archivos.labo.univ-poitiers.fr/wp-content/uploads/sites/141/2017/02/1844_Como-se-deve-escrever-a-história-do-Brasil.pdf>. Acesso em: 10 nov. 2018.

MATHEUS, M. S. Frank Tannenbaum e os direitos dos escravos: religião e escravidão nas Américas. **Afro-Ásia**, n. 51, p. 213-250, 2015. Disponível em: <https://portalseer.ufba.br/index.php/afroasia/article/view/17662/11463>. Acesso em: 10 nov. 2018.

MATTOS, H. **Das cores do silêncio**: os significados da liberdade no Sudeste escravista. Rio de Janeiro: Nova Fronteira, 1998.

MATTOSO, K. de Q. **Ser escravo no Brasil**. 3. ed. Brasiliense: São Paulo, 1990.

MENDONÇA, J. M. N. **Entre a mão e os anéis**: A Lei dos Sexagenários e os caminhos da abolição no Brasil. Campinas: Ed. da Unicamp, 1999.

MONTEIRO, L. N. Escravidão e liberdade nas Festas do Rosário. In: ENCONTRO ESCRAVIDÃO E LIBERDADE NO BRASIL MERIDIONAL, 6., 2013, Florianópolis. **Anais**... Florianópolis: UFSC, 2013. Disponível em: <http://labhstc.paginas.ufsc.br/files/2013/04/Lívia-Nascimento-Monteiro-texto.pdf>. Acesso em: 10 nov. 2018.

MORAES, L. S. de; CARVALHO, C. A. P. de. Geoprocessando as relações sociais na cidade da Bahia: século XVI. In: GIL, T.; VILLA, C. V. (Org.). **O retorno dos mapas**: sistemas de informação geográfica em história. Porto Alegre: Ladeira Livros, 2016. p. 114-137.

MOTTA, J. F. **Corpos escravos vontades livres**: posse de cativos e família escrava em Bananal (1801-1829). São Paulo: Annablume, 1999.

MUNIZ, C. **A riqueza fugaz**: trajetórias e estratégias de famílias de proprietários de terras de Vassouras (1820-1890). Tese (Doutorado em História) – Universidade Federal do Rio de Janeiro, Rio de Janeiro, 2005.

NELSON, T. **Remarks on the Slavery and Slave Trade of the Brazils**. London: J. Hatchard & Son, 1846.

NIANE, D. T. Introdução. In: NIANE, D. T. (Ed.). **História geral da África**. Brasília: Unesco, 2010. p. 1-16. v. 4: África do século XII ao XVI.

OLIVEIRA FILHO, J. P. Os indígenas na fundação da colônia: uma abordagem crítica. In: FRAGOSO, J. L. R.; GOUVÊA, M. de F. (Org.). **O Brasil colonial**. Rio de Janeiro: Civilização Brasileira, 2014. p. 167-228. v. 1: 1443-1580.

PALACIOS, G. **Campesinato e escravidão no Brasil**: agricultores livres e pobres na Capitania Geral de Pernambuco (1700-1817). Tradução de Walter Sotomayor. Brasília: Ed. da UnB, 2004.

QUEIROZ, S. R. R. de. **Escravidão negra em São Paulo**: um estudo das tensões provocadas pelo escravismo no século XIX. Rio de Janeiro: J. Olympio, 1977.

REIS, J. J. Quilombos e revoltas escravas no Brasil. **Revista USP**, São Paulo, n. 28, p. 14-39, 1996. Disponível em: <https://doi.org/10.11606/issn.2316-9036.v0i28p14-39>. Acesso em: 10 nov. 2018.

_____. **Rebelião escrava no Brasil**: a história do levante dos malês (1835). São Paulo: Brasiliense, 1985.

REIS, J. J.; GOMES, F. dos S. **Liberdade por um fio**: história dos quilombos no Brasil. São Paulo: Companhia das Letras, 1996.

REIS, J. J.; GOMES, F. dos S. G.; CARVALHO, M. J. de. **O alufá Rufino**: tráfico, escravidão e liberdade no Atlântico Negro (c. 1822 - c. 1853). São Paulo: Companhia das Letras, 2010.

REIS, J. J.; SILVA, E. **Negociação e conflito**: a resistência negra no Brasil escravista. São Paulo: Companhia das Letras, 1989.

REVISTA DO INSTITUTO HISTÓRICO E GEOGRÁFICO BRASILEIRO. **Premios propostos pelo Instituto na segunda sessão publica anniversaria**. Rio de Janeiro, n. 2, p. 642, 1840.

RIOS, A. L.; MATTOS, H. M. **Memórias do cativeiro**: família, trabalho e cidadania no pós-abolição. Rio de Janeiro: Civilização Brasileira, 2005.

_____. O pós-abolição como problema histórico: balanços e perspectivas. **Topoi**, Rio de Janeiro, v. 5, n. 8, p. 170-198, jan./jun. 2004. Disponível em: <http://www.revistatopoi.org/numeros_anteriores/Topoi08/topoi8a5.pdf>. Acesso em: 10 nov. 2018.

RODRIGUES, G. R. **Escravos, índios e soldados:** povo, política e revoltas na América portuguesa do século XVIII (Pernambuco, Minas Gerais e Bahia). Tese (Doutorado em História) – Universidade Federal Fluminense, Niterói, 2015.

ROLIM, L. C. **"Tempo das carnes" no Siará Grande:** dinâmica social, produção e comércio de carnes secas na vila de Santa Cruz do Aracati (c. 1690 - c. 1802). 245 f. Dissertação (Mestrado em História) – Universidade Federal da Paraíba, João Pessoa, 2012. Disponível em: <http://www.cchla.ufpb.br/ppgh/2012_mest_leonardo_rolim.pdf>. Acesso em: 10 nov. 2018.

SALLES, R. Abolição no Brasil: resisténcia escrava, intelectuais e política (1870-1888). **Revista de Indias,** v. 71, n. 251, p. 259-284, 2011. Disponível em: <http://revistadeindias.revistas.csic.es/index.php/revistadeindias/article/download/860/932>. Acesso em: 10 nov. 2018.

SAMARA, E. M. A constituição da família na população livre. In: SAMARA, E. M. (Org.). **Brasil:** história econômica e demografia. São Paulo: IPE/USP, 1986. p. 189-204.

SALVADOR, V. do. **História do Brasil.** Salvador, 1627. Disponível em: <http://www.educadores.diaadia.pr.gov.br/arquivos/File/2010/sugestao_leitura/2011/historia/4vicente_salvador.pdf>. Acesso em: 10 nov. 2018.

SANTOS, M. E. V. dos. Antes do 13 de maio: o 25 de março no Ceará e o movimento abolicionista em Pernambuco. **Afro-Ásia,** n. 53, p. 149-183, 2016. Disponível em: <https://portalseer.ufba.br/index.php/afroasia/article/view/22475/14384>. Acesso em: 10 nov. 2018.

SANTOS, Y. L. dos. **Irmãs do Atlântico**: escravidão e espaço urbano no Rio de Janeiro e Havana (1763-1844). 341 f. Tese (Doutorado em História Social) – Universidade de São Paulo, São Paulo, 2012. Disponível em: <http://www.teses.usp.br/teses/disponiveis/8/8138/tde-08012013-121005/pt-br.php>. Acesso em: 10 nov. 2018.

SÃO PAULO. Arquivo Público do Estado de São Paulo. **Listas nominativas de habitantes de São Paulo**: 1765-1810. Disponível em: <http://www.arquivoestado.sp.gov.br/site/acervo/repositorio_digital/macos_populacao>. Acesso em: 10 nov. 2018.

SCHEFFER, R. da C. **Tráfico interprovincial e comerciantes de escravos em Desterro, 1849-1888**. 171 f. Dissertação (Mestrado em História) – Universidade Federal de Santa Catarina, Florianópolis, 2006. Disponível em: <https://repositorio.ufsc.br/xmlui/bitstream/handle/123456789/89470/226271.pdf>. Acesso em: 10 nov. 2018.

SCHWARTZ, S. B. **Escravos, roceiros e rebeldes**. Tradução de Jussara Simões. Bauru: Edusc, 2001. (Coleção História).

_____. **Segredos internos**: engenhos e escravos na sociedade colonial. Tradução de Laura Teixeira Motta. São Paulo: Companhia das Letras, 1999.

SILVA, A. da C. e. **A manilha e o libambo**: a África e a escravidão, de 1500 a 1700. 2. ed. Rio de Janeiro: Nova Fronteira, 2011.

SILVA, D. A. **Em tempos de visitas**: Inquisição, circulação e oralidade escrava na Bahia (1590-1620). 153 f. Dissertação (Mestrado em História) – Universidade de Brasília, Brasília, 2014. Disponível em: <http://repositorio.unb.br/bitstream/10482/17199/1/2014_DayaneAugustaSilva.pdf>. Acesso em: 10 nov. 2018.

SILVA, D. A. da. Arranjos e laços familiares na comunidade escrava da Freguesia de Nossa Senhora da Graça de São Francisco do Sul (1845/1888). In: ENCONTRO ESCRAVIDÃO E LIBERDADE NO BRASIL MERIDIONAL, 2., 2005. **Anais**... Porto Alegre: UFRGS, 2005. Disponível em: <http://www.escravidaoeliberdade.com.br/site/images/Textos2/denize%20silva%20completo.pdf>. Acesso em: 10 nov. 2018.

SILVA, M. R. N. da. **Negro na rua**: a nova face da escravidão. São Paulo: Hucitec, 1988.

SLENES, R. W. **Na senzala, uma flor**: esperanças e recordações na formação da família escrava (Brasil Sudeste, século XIX). Rio de Janeiro: Nova Fronteira, 1999.

_____. The Brazilian Internal Slave Trade, 1850-1888: Regional Economies, Slave Experience, and the Politics of a Peculiar Market. In: JOHNSON, W. (Ed.). **The Chattel Principle**: Internal Slave Trades in the Americas. New Haven: Yale University Press, 2005.

SOARES, C. E. L.; GOMES, F. dos S. "Dizem as quitandeiras...": ocupações urbanas e identidades étnicas em uma cidade escravista – Rio de Janeiro, século XIX. **Acervo**, Rio de Janeiro, v. 15, n. 2, p. 3-16, jul./dez. 2002.

SORÁ, G. A construção sociológica de uma posição regionalista: reflexões sobre a edição e recepção de Casa-grande & senzala de Gilberto Freyre. **Revista Brasileira de Ciências Sociais**, São Paulo, v. 13, n. 36, fev. 1998. Disponível em: <http://www.scielo.br/scielo.php?script=sci_arttext&pid=S0102-69091998000100008&nrm=iso>. Acesso em: 10 nov. 2018.

SOUZA, G. S. **Tratado descritivo do Brasil em 1587**. Rio de Janeiro, 1851. Disponível em: <http://www.dominiopublico.gov.br/download/texto/me003015.pdf>. Acesso em: 10 nov. 2018.

TANNENBAUM, F. **Slave and Citizen**: the Negro in the Americas. New York: A. A. Knopf, 1947.

VANSINA, J. O Reino do Congo e seus vizinhos. In: OGOT, B. A. (Ed.). **História geral da África**. Brasília: Unesco, 2010. p. 647-694. v. 5: África do século XVI ao XVIII.

VARGAS, J. M. **Pelas margens do Atlântico**: um estudo sobre elites locais e regionais no Brasil a partir das famílias proprietárias de charqueadas em Pelotas, Rio Grande do Sul (século XIX). 505 f. Tese (Doutorado em História Social) – Universidade Federal do Rio de Janeiro, Rio de Janeiro, 2013.

VARNHAGEN, F. A. de. **História geral do Brazil antes da sua separação e independência de Portugal**. Rio de Janeiro: Laemmert, 1870.

VIOTTI, A. C. de C. Impressões sobre os trajes dos cativos no Brasil dos séculos XVIII e XIX: entre trapos e rendas. **Portuguese Studies Review**, v. 24, n. 1, p. 149-163, 2016.

VOYAGES – The Trans-Atlantic Slave Trade Database. Disponível em: <http://www.slavevoyages.org>. Acesso em: 10 nov. 2018a.

_____. **Análise do tráfico de escravos**: estimativas. Disponível em: <http://www.slavevoyages.org/assessment/estimates>. Acesso em: 10 nov. 2018b.

Bibliografia comentada

FREYRE, G. **Casa-Grande e Senzala:** formação da família brasileira sob o regime de economia patriarcal. 8. ed. Rio de Janeiro: J. Olympio, 1954. 2 v.

A obra de Freyre foi uma das primeiras a incluir os africanos e seus descendentes de forma clara na formação da sociedade brasileira. No entanto, ao mesmo tempo que permite que seja lida como um elogio ao escravismo brasileiro, no qual os escravos seriam mais incorporados do que em outras sociedades, as diversas críticas que o autor pernambucano recebeu, desde os anos 1950, foram exatamente nesse sentido. Independentemente da crítica, este texto é incontornável, rico e de grande complexidade na análise social.

FLORENTINO, M. **Em costas negras**: uma história do tráfico de escravos entre a África e o Rio de Janeiro (séculos XVIII e XIX). São Paulo: Companhia das Letras, 1997.

Uma das obras mais importantes sobre o tráfico de escravos entre Brasil e Angola, na qual o protagonismo dos traficantes cariocas é ressaltado. O livro consegue articular demanda e oferta, observando de perto o comportamento dos negociantes do infame comércio.

FLORENTINO, M.; GÓES, J. R. **A paz das senzalas**: famílias escravas e tráfico atlântico, Rio de Janeiro, c. 1790 - c. 1850. Rio de Janeiro: Civilização Brasileira, 1997.

A obra de Góes e Florentino é uma das mais importantes e inovadoras na explicação da família escrava, tendo, como mote central o significado dos vínculos parentais como elemento de estabilidade dentro das senzalas, como mais uma forma de controle social, dessa vez capitaneado pelos próprios cativos. A narrativa dos autores é digna de atenção.

GORENDER, J. **O escravismo colonial**. São Paulo: Ática, 1978.

Obra de enorme fôlego, que pretendia decifrar as estruturas mais sólidas do escravismo colonial, variando entre fatores internos e externos. A historiografia dos anos 1980 – não sem razão – tendeu a considerá-la como tendo enrijecido o comportamento dos escravos. Porém, a obra de Gorender merece uma leitura atenta, pelo esforço de síntese empreendido pelo autor.

LARA, S. H. **Campos da violência**: escravos e senhores na capitania do Rio de Janeiro – 1750-1808. Rio de Janeiro: Paz e Terra, 1988.

O livro de Silvia Lara consegue tratar o tema da violência de modo complexo, sem cair na coisificação do escravo. A autora consegue observar as formas coletivas e individuais de controle social dos escravos e relacionar esses sistemas com fatores externos, como a dominação colonial.

MATTOS H. **Das cores do silêncio**: os significados da liberdade no Sudeste escravista (Brasil, século XIX). Rio de Janeiro: Nova Fronteira, 1998.

A obra de Hebe Mattos apresenta um cenário complexo onde as relações entre senhores e escravos são reconsideradas após uma análise profunda de um grande *corpus* documental. A análise sobre o significado da cor é o ponto alto do livro, ao demonstrar o significado social de expressões como *negro*, *preto* e *pardo*.

REIS, J. J.; SILVA, E. **Negociação e conflito**: a resistência negra no Brasil escravista. São Paulo: Companhia das Letras, 1989.

Talvez uma das obras mais representativas dos anos 1980, por articular, com precisão, as variações possíveis de ação escrava entre a aceitação negociada da pressão escravista e a resistência cotidiana ao mesmo processo, sem que as duas fossem antagônicas, pois a negociação, muitas vezes, acabava sendo uma forma de resistência.

SCHWARTZ, S. B. **Segredos internos:** engenhos e escravos na sociedade colonial. (1550-1835). Tradução de Laura Teixeira Motta São Paulo: Companhia das Letras, 1999.

O trabalho de Schwartz é um monumento ao estudo da *plantation*, sendo sem dúvida uma das obras mais detalhadas e completas sobre o tema. É pioneira em diversos aspectos, até mesmo pelo uso de registros de batismo para perceber as relações inter-étnicas entre africanos e indígenas. Destaque para o fato de o autor entender os escravos como figuras-chave na construção do novo mundo.

SLENES, R. W. **Na senzala, uma flor:** esperanças e recordações na formação da família escrava (Brasil Sudeste, Século XIX). Rio de Janeiro: Nova Fronteira, 1999.

Slenes foi um dos primeiros autores a falar da família escrava no Brasil. Seu livro *Na senzala, uma flor* circulou por muitos anos como manuscrito e foi discutido por muitos pesquisadores, até ser publicado em 1999, influenciando inúmeras obras muito antes de ser concluído. Adota uma postura diferente de Góes e Florentino, ao apontar a família escrava como um foco de potencial resistência.

Respostas

Capítulo 1

Atividades de autoavaliação
1. d
2. a
3. d
4. a
5. d

Atividades de aprendizagem

Questões para reflexão
1. Resposta pessoal.
2. Resposta pessoal.

Capítulo 2

Atividades de autoavaliação
1. a
2. d
3. c
4. c
5. e

Atividades de aprendizagem

Questões para reflexão
1. Resposta pessoal.
2. Resposta Pessoal.

Capítulo 3

Atividades de autoavaliação
1. a
2. b
3. c
4. b
5. b

Atividades de aprendizagem

Questões para reflexão
1. Resposta pessoal.
2. Resposta pessoal.

Capítulo 4

Atividades de autoavaliação
1. e
2. b
3. b
4. c
5. c

Atividades de aprendizagem

Questões para reflexão
1. Resposta pessoal.
2. Resposta pessoal.

Capítulo 5

Atividades de autoavaliação
1. b
2. e
3. b
4. b
5. b

Atividades de aprendizagem

Questões para reflexão
1. Resposta pessoal.
2. Resposta pessoal.

Tiago Luís Gil

Capítulo 6

Atividades de autoavaliação
1. d
2. a
3. c
4. b
5. a

Atividades de aprendizagem

Questões para reflexão
1. Resposta pessoal.
2. Resposta pessoal.

Sobre o autor

Tiago Luís Gil é licenciado em História (2000) pela Universidade Federal do Rio Grande do Sul (UFRGS), bacharel em História (2002) também pela UFRGS, mestre (2003) e doutor em História Social (2009) pela Universidade Federal do Rio de Janeiro (UFRJ). Atualmente, é professor de História na Universidade de Brasília, onde desenvolve pesquisas sobre economia colonial, relações sociais e cartografia digital em História. Tem experiência na área de História, com ênfase em História do Brasil Colônia, atuando principalmente nos seguintes temas: economia colonial, história digital, contrabando, fronteira, história espacial, geoprocessamento em história e bancos de dados.

Os papéis utilizados neste livro, certificados por instituições ambientais competentes, são recicláveis, provenientes de fontes renováveis e, portanto, um meio sustentável e natural de informação e conhecimento.

FSC
www.fsc.org
MISTO
Papel produzido a partir de fontes responsáveis
FSC® C057341

Impressão: Log&Print Gráfica e Logística S.A.
Dezembro/2021